KB203586

인문학개념정원

인문학 개념정원

개념어 시리즈
HUMANITIES
IDEAS
SERIES

서영채 지음

문학동네

책머리에

내가 대학생이 되었을 때 학교 매점에서 산 공책 겉장에는 대학을 상징하는 멋진 엠블럼과 함께 이런 한문 구절이 새겨져 있었다. 吾生也有涯 而知也无涯. 『장자』에서 인용된 구절이라 했다. 헤아려보니 "우리 삶에는 끝이 있지만 지식의 세계는 끝이 없다"라는 뜻의 문장이었다. 그제야 비로소 학문의 전당에 들어온 것 같아서 한편으로는 인상적이었지만 또 한편으로는 조금 심드렁한 느낌도 없지 않았다. '인생은 짧고 예술은 길다' 수준의 명언으로 읽혔기 때문이다. 공부 열심히 하라는 말이니 공책 겉장에는 어울리는군, 정도의 느낌이었다.

그로부터 4년 후, 육군 일병으로 진급했던 겨울 『장자』를 읽다가 책 속에 있는 그 구절과 재회하게 되었다. 군대에서 활자와 책에 대한 갈증이 턱까지 차올라 있을 때였다. 걸귀처럼 책의 활자들을 흡입해가다가 바로 그 구절과 덜컥 마주치게 된 것이었다. 『장자』 내편 3장 「양생주養生主」의 첫머리였다. TV에서 보던 스타를 실제로 만난 것처럼 반가우면서도 어색한 느낌이었다. 그런데 막상 실물을 대하고 보니 그는 내가 알던 그 스타가 아니었다. 그 뒤에 숨은 구절들이 있었다. 그 구절까지 다 읽고 나니 웃음이 터져나왔다. 읽는 동안 아마 내 손은 조금 떨렸을 것이고, 또 슬그머니 입가에는 미소가 어리기도 했을 것이다. 어쨌거나 그 뒤에 생략된 말을 보충하자면 이렇다.

"우리 삶에는 끝이 있지만 앎의 세계에는 끝이 없다. 끝이 있는 존재가 끝없는 것을 뒤쫓는 것은 위험한 일이다. 그걸 알면서도 지식의 세계를 추구하는 것은 정말 위험한 일이다."(吾生也有涯 而知也无涯 以有涯隨无涯 殆已 已而爲知者 殆已矣.)

그러니까 장자의 말인즉 인생을 제대로 살려면養生 지나친 공부는 삼가라는 이야기였다. 진짜 지식의 세계를 추구하다가는 위험해질 수 있으니 그냥 생활에 필요한 정도의 지식만을 살살 익히라는 수준의 충고였던 셈이다. 그냥 위험한 게 아니라 정말 위험하다고 말하는 대목에서는 이천여 년 전 장자의 목소리가 내 귀에 들리는 듯했다. 과연! 현자다운! 매우 오만방자한 충고였다. 그러니까 자기처럼 똑똑한 사람들은 그런 걸 해도 좋지만 보통의 무지렁이들은 그래서는 안 된다는 뜻인가? 혹은, 절대 지식을 탐구합네 하면서 잘난 척하는 지식인들을 야유하는 이야기일 수도 있겠다. 백날을 연구해봐야 자기 머리 위에 무엇이 있는지도 모르는 사람들이 웬 학자연인가! 풍자나 아이러니인 것 같기도 하고 진지한 것 같기도 한, 오만한 장자의 이런 유머 감각은 사랑하지 않을 수 없었다.

 하지만 장자의 유머는 나를 미소 짓게 했을 뿐이다. 군용 석탄 페치카의 불빛 앞에서 『장자』를 읽고 있던 육군 일병을 큭큭거리며 배를 잡게 만들었던 것은, 몸통은 잘라버린 채 맨 앞 구절만, 그것도 대학의 거창한 엠블럼과 함께 공책의 앞장에 새겨놓은 어떤 인물의 유머 감각이었다. 그러니까 그는 그 공책을 살 대학생들을 상대로 대놓고 거짓말을 한 것이다. 장자는 공부하지 말라고 했는데, 그는 한 토막 앞 구절만 들고 나와 공부 열심히 하라는 뜻으로 바꾸어놓은 것이다. 이렇게 항변하자 씽긋 웃으며 반문하는 목소리가 들렸다. "언제 내가 공부하라고 했나요?" 자기는 단지 유한한 인생과 무한한 앎이라는 대조적인 사실을, 장자의 입을 빌려 적어놓았을 뿐이라고. 그것을 공부 열심히 하라는 말로 이해한 것은 바로 당신, 대학 신입생의 마음이었을 뿐이라고. 언즉시야라 더이상 할 말이 없었다. 미지의 인물이 구사한 이 멋진 유머 감각 또한 사랑하지 않을 수 없었다.

 이십대가 끝나갈 즈음, 혼란스럽기만 했던 삶이 조금씩 정리되면서 내게 점차 분명하게 다가왔던 것이 있었다. 그것은 밝게 타오르는 하얀 빛의 이미지를 가진 채였다. 다른 것은 몰라도 이것만은 포기할 수 없다 싶었던 것, 바로 그것은 그 무한하고 위험하다는 앎의 세계였다. 그 세계가 나를 설레게 하고 두근거리게 하고 환하게 했다.

이 책에 실려 있는 내용들은 그 이후로 지금까지 읽고 배우고 익힌 것들의 일부이다. 강의하면서 자주 언급하는 내용들을 간추려보고 싶다는 생각을 하던 차, 계간 『풋』에 지면을 얻어 5년 동안이나 연재할 수 있었다. 준비했던 내용이 아직 많이 남아 있는데 잡지가 20호로 종간하는 바람에 아쉽지만 멈추어야 했다. 연재할 당시 개념정원이라는 말을 썼던 것은 에피큐리언들의 공간 케포이필리아를 염두에 둔 때문이었다. 이 책의 형식은 인문학의 주요 개념들을 추리는 것이다. 그것은 물론 나 자신의 공부를 위한 것이기도 했다. 하지만 내심 내가 쓰고 싶었던 것은 인문학의 세계가 얼마나 매력적인지, 뼈대만 있는 사전이 아니라 원전의 문장들과 함께 노는 일이 얼마나 행복한지에 대한 것이었다. 쓰다보니 그것을 알게 되었다.

지식의 세계를 탐사하다보면 눈이 환해지는 순간을 맞곤 한다. 그것이 내 삶의 큰 기쁨이었다. 읽는 분들께도 그런 마음이 전해질 수 있기를 바란다.

2013년 6월
서영채

CHAPTER 1

언어의 질서가
우리에게 가르쳐주는 것

개념정원의 첫머리를 언어의 문제로 시작한다. 언어가 우리 삶에서 얼마나 중요한 위치를 차지하는지에 대해 언급하는 것은 물론 새삼스러운 일이다. 동서고금을 막론하고 언어의 중요성을 강조했던 사람들은 헤아릴 수 없을 정도이기 때문이다. 그러니 문제는 언어의 중요성을 강조하는 것이 아니라, 좀더 구체적으로, 언어가 어째서 어떻게 중요한지를 보여주는 것이다.

인문학과 이론의 영역에서 언어가 매우 확실하게 중요한 대상으로 부각된 것은 20세기 중엽의 일이다. 1967년 로티Richard M. Rorty, 1931~2007가 편집한 책 제목이기도 한 '언어학적 전회the linguistic turn'라는 말은 그런 사정을 상징적으로 지칭하고 있다. 로티가 이 말을 통해 보여주고자 한 것은 영미권의 철학적 관심이 언어를 중심으로 재편되고 있는 현상이지만, 이것은 단지 영미권의 철학이나

분석철학만의 문제가 아니었다. 프랑스와 독일에서도 언어의 문제
는 20세기 이론적 흐름의 한복판에서 움직이고 있었다. 영국에 러
셀과 비트겐슈타인으로 대표되는 생각의 집이 있다면, 프랑스에는
소쉬르의 저서『일반언어학 강의』로 인해 촉발되어 푸코와 데리다
등의 탈구조주의로 귀결되는 거대한 지적 흐름이 있고, 또한 독일
에는 가다머의 해석학에서 하버마스의『의사소통행위이론』으로 이
어지는 언어와 사회에 대한 성찰이 있다. 이들은 서로 교차하고 영
향과 비판을 주고받으며 20세기 인문학 이론의 역사를 만들어왔다.

또 한편, 언어에 관한 관심이 압도적인 중요성을 지니고 부각된
것은 무엇보다도 프로이트에서 라캉으로 이어져온 정신분석학에
서였다. 오스트리아에서 독일어를 쓰며 활동했던 프로이트는 스위
스에서 프랑스어를 썼던 소쉬르F. Saussure, 1857~1913보다 한 살이 많
다. 프로이트는 꿈에 대한 분석을 통해, 소쉬르가 일반언어학을 통
해 발견해낸 원리들을 전혀 다른 방식으로 구현해놓았다. 물론 상
대의 이론을 알지 못한 채로 그렇게 했다(프로이트가 비엔나에서
『꿈의 해석』을 출간했던 것은 1900년이고 소쉬르가 제네바에서 일반
언어학에 관한 강의를 시작한 것은 1906년부터이다). 서로를 의식하
지 못한 채 형성된 둘 사이의 관계를 발본적으로 통찰하여 새롭게
논리화한 것이 라캉의 공적이었다. 프로이트와 라캉에 의해 이론
적 토대가 닦인 정신분석학은 정신의학의 한정된 차원을 넘어 인
문학의 여러 분야에서 분석과 성찰의 틀로서, 때로는 명시적이고
때로는 암시적으로 매우 큰 영향력을 행사해왔다. 우리 시대에 작

동하고 있는 이데올로기적 기제들을 비판함과 동시에 고전적 이론에 대한 새로운 접근로를 보여주고 있는 현재의 지젝의 작업은 이런 흐름의 한 첨단을 보여주고 있다. 여기에서도 정신분석학과 언어에 대한 성찰이 이론적 핵심을 이루고 있음은 물론이다.

언어에 대한 성찰을 중심으로 펼쳐지는 이와 같은 이론의 구도는 그 자체로 20세기 지성사의 거대한 성좌를 이룬다. 개념정원의 첫머리를 언어에 대한 이야기로 시작하는 것은 이런 때문이다. 전통적 수사학의 틀과 언어학적 전회 이후의 언어의 본질에 대한 성찰이 교차하고 있는 두 개념, 은유와 환유로터 시작해보자.

은유metaphor와 환유metonymy

은유와 환유의 개념쌍은 고전적이지 않다. 전통적으로 은유는 직유와 대조적인 한 쌍으로 취급되었고, 환유는 제유와 짝을 이루곤 했다. 그런데 '언어학적 전회' 이후로는 은유와 환유가 개념쌍이 되어 새로운 용법으로 쓰이고 있다. 이 둘은 단순히 수사학의 여러 단위 중의 하나가 아니라 언어의 본질적인 속성을 반영하고 있는 핵심적인 맞짝 개념이기 때문이다.

고전적인 용법에 따르면, 은유와 직유는 두 대상(비유 대상과 비유의 매체) 사이의 유사성에 입각해서 작동한다. 널리 알려진 바와 같이, 직유는 '처럼'이나 '같이'를 동반하여 직접적으로 비유하는 것을 뜻하고(내 마음은 호수처럼 잔잔하다), 은유는 간접적인 경우를 말한다(내 마음은 호수다). 한편, 환유와 제유는 부분으로 전체를 대표하는 비유법이다. 부분과 전체의 관계와 결합 양상의 차이에 따라 제유와 환유가 구분된다. 예를 들어, 사각모로 대학생을 비유할 때는 환유이고(그가 드디어 사각모를 썼다), 소주로 술을 대신할 때는 제유다(어제 소주 한잔 하셨나요). 환유는 하나로 이어져 있는 전체와 부분의 관계에서 발생하고(사각모는 대학생의 일부이다), 제유는 집합과 거기에 속하는 낱낱의 원소의 관계에서 생겨난다(소주는 술이라는 집합의 원소이다).

최근에 자주 쓰이는 은유/환유의 개념쌍은 이와 같은 고전적 쓰임과는 조금 다르다. 은유는 구심력을 지닌 중심화된 사유, 체계 지향적인 힘을 일컫고, 환유는 그와 반대로 원심력을 지닌 탈중심화된 사유, 탈체계적인 힘을 지칭한다. 이런 용법은 소쉬르와 야콥슨 R. Jakobson, 1896~1982 같은 언어학자들의 언어의 근본적 원리에 대한 통찰에 기반하고 있다.

야콥슨에 의하면, 우리가 쓰는 말은 선택selection과 결합combination 이라는 두 축에 의해 만들어진다. 우리에게 내장되어 있는 어휘 사전에서 단어를 끄집어내는 것이 선택 기능이고, 선택된 단어를 배열하는 것이 결합 기능이다. 그러니까 우리가 말을 한다는 것은 머릿속에서 단어를 고르고 조리에 맞게 그 단어들을 늘어놓는 무의식적인 과정인 셈이다.

야콥슨의 이런 설명은 언어에 대한 소쉬르의 통찰에 기반하고 있거니와, 야콥슨은 이런 원리를, 실어증이 지니고 있는 두 유형을 통해 구체적으로 입증했다. 다양한 양태의 실어증은 크게 두 가지의 유형적인 극단성을 보여준다. 하나는 단어들을 이어서 나열하기는 하지만 정작 정확한 단어를 짚어내지 못하는 증상으로, 이를테면 책상이라는 단어를 지칭하지 못한 채 의자나 연필 같은 그 주변의 단어를 맴도는 것과 같은 경우이다. 다른 하나는 단어를 정확하게 짚어내기는 하지만 그 단어들을 문맥과 어순에 맞게 배열하지 못하는 증상으로, 어순이 뒤틀려 문장이 엉망이 되어버리는 경우이다. 전자는 언어의 선택 기능에 장애가 생긴 것으로서 유사성 장애similarity disorder라 불렸고, 후자는 언어의 결합 기능에 이상이 생긴 것으로서 인접성 장애contiguity disorder라 지칭되었다. 유사성 장애는 자기 뜻을 나타내는 단어를 정확하게 짚어내지 못해 뜻과 말 사이에서 형성되어야 할 유사성의 관계에 문제가 생긴 것이고, 인접성 장애는 선택된 단어들이 규칙에 따라 배열되지 않아서 단어와 단어가 지녀야 할 인접성의 사슬 관계에 이상이 초래된 경우이다.

은유와 환유는 언어가 지닌 이와 같은 두 축의 특성과 직결되어 있다. 은유(이때 은유는 직유를 포함한다)는 선택 기능과 유사성의 원리(이는 뜻과 말 사이에 유사성이 있어야 한다는 것이고 유사성의 궁극적인 형태는 동일성이다)를 축으로 하여 작동되고, 환유(이때 환유는 제유를 포함한다)는 결합 기능과 인접성의 원리(이는 인접한 단어들이 규칙에 맞게 배열되어야 한다는 뜻이다)를 축으로 이루어진다. 유사성을 동력으로 하는 은유적인 힘은 의미의 중심을 향해 나아간다. 여기에서는 어떤 단어가 의미의 핵심을 포착해내는지가 문제가 된다. 환유는 인접성의 원리에 따라 끝없는 연쇄를 만들며 이어진다. 여기에서 의미는 징검다리를 건너듯 단어에서 단어로 이어진다. 예를 들자면, "원숭이 엉덩이는 빨개, 빨가면 사과, 사과는 맛있어, 맛있으면 바나나……" 하는 방식으로. 그래서 마침내는 원숭이가 그와는 아무 상관없는 백두산이나 태극기로까지 이어진다. 이것이 흔히 사슬로 비유되는 환유의 원리다.

사물의 핵심을 지향하는 서정시에서는 은유적 표현이, 디테일의 풍부함을 추구하는 산문 예술에서는 환유적 표현이 지배적이다. 낭만주의와 상징주의에서는 은유가 압도적이고, 사실주의에서는 환유가 주도적이다. 초현실주의 미술은 은유적 태도가 우세하고, 피카소의 입체파는 명백한 환유 지향성을 지니고 있다. 은유는 하나의 대상을 향해 집중하는 힘이고 환유는 자유롭게 유동하는 충동이다. 시에서는 대상이나 정서를 정확하고 간결하게 포착하는 것이 중요하다. 얼마나 깊은 핵심에 도달하는지가 여기에서는 관건이다. 이와 반대로 소설에서는 대상의 특성을 풍부하게 잡아내는 일이 중요하다. 단도직입적으로 결론에 도달해버리면 이야기도 끝나버린다. '서사적 우회'라는 말이 있듯이 이야기 문학에서 중요한 것은 결말이 아니라 그 결말에 이르는 길이 단락에서 단락으로 이어지며 풍부하게 만들어지는 흐름이다.

이런 식의 대조는 사고 일반으로까지 확장될 수 있다. 은유는 중심을 향해 박두해들어가는 것이고, 반대로 환유는 정해진 중심이나 지향점 없이 자유롭게 유동하는 상상력의 형식이 된다. 해체주의나 탈구조주의는 이념적 양극성이 사라지면서 등장한 사유 형태이다. 여기에는 정해진 중심이 있기 어렵고, 이런 세계에서는 환유적 상상력이 좀더 우세한 사유의 형식이 된다.

언어의 여섯 가지 기능, 메타언어, 화용론

야콥슨은 언어의 기능을 그 요소에 따라 여섯 가지로 분류했다. 의사소통이 이루어지기 위해서 언어에는 다음 여섯 가지 요소가 필요하다. 1)발신자addresser: 말하는 사람. 2)수신자addressee: 듣는 사람. 3)맥락context: 대화가 이루어지는 구체적인 상황. 4)전언message: 말 그 자체. 5)접촉contact: 대화자 쌍방 간의 직간접적인 만남. 6)코드code: 대화가 이루어지기 위해서는 쌍방이 문법이나 방언 같은 동일한 언어적 코드를 공유하고 있어야 한다.

야콥슨은 이 여섯 가지 요소들의 연장에서, 언어가 지니고 있는 기능을 다음과 같이 여섯 가지로 분류했다. 1)표현적expressive 기능: 발신자의 생각이나 감정을 표현하는 것. 2)사역적conative 기능: 수신자에게 영향을 미치는 것. 3)지시적referential 기능: 대상이나 상황을 가리키는 것. 4)시적poetic 기능: 전언 그 자체를 경제적이거나 아름답게 전달하고자 하는 것. 5)친교적phatic 기능: 특별한 의미 없는 인사말처럼 접촉 그 자체를 위해 봉사하는 것. 6)메타언어적metalingual 기능: 언어의 의미에 관한 기능.

언어가 지니고 있는 이런 기능들에 주목할 때, 똑같은 말이라 하더라도 서로 다른 의미를 지닐 수 있다. 예를 들어, 어떤 사람이 방에 들어서며, "아, 덥다"라고 말했다고 하자. 자기가 더위를 많이 타는 체질임을 알리는 말일 수도(표현적 기능), 에어컨을 틀어달라는 말일 수도(사역적 기능), 거기 도착하기까지 더운 길을 걸어왔다는 말일 수도(지시적 기능), 뭔가 덥지 않게 해달라는 말을 우회적으로 표현하는 말일 수도(시적 기능), 어색한 분위기를 깨뜨리기 위해 별 뜻 없이 하는 말일 수도(친교적 기능), 혹은 한국어를 잘 모르는 외국인에게 '덥다'라는 말의 뜻과 쓰임을 가르쳐주기 위해 해본 말일 수도(메타언어적 기능) 있는 것이다. 요컨대, 똑같은 말이라도 어떤 맥락에서 기능하느냐에 따라 다양한 의미를 지니게 된다. 한 사람의 입 밖으로 음성이 되어 나온 말과, 그 말이 지니고 있는 진짜 뜻 사이에는 이렇듯 커다란 격차가 있을 수 있다. 말뜻을 정확하게 몰라서 그 뜻에 대해 묻는 것을 야콥슨은 메타언어적 기능이라고 표현했다. 메타언어라는 말은 '언어에 대한 언어'라는 뜻으로(메타라는 접두어는 두 가지로 사용된다. 첫째, 포괄하거나 넘어선다는 의미의 '초-' 예를 들어, 메타심리학은 심리학에 이론적 토대를 제공하는 초심리학 체계를 지칭한다. 둘째, 첫째 용법이 변개되어 '~에 대한 ~'의 뜻을 지닌다. 예를 들어, 메타비평은 비평에 대한 비평이고 메타소설은 소설에 대한 소설이다), 대상언어와 짝이 되는 말이다.

언어가 지니고 있는 이와 같은 다양한 기능과 의미에 대해 주목하게 된다면, 말의 의미를 파악하는 일이 단순한 것이 아님을 알게 된다. 똑같은 말이라 하더라도 어떤 상황에서 누가 하느냐에 따라 전혀 다른 의미를 지닐 수도 있는 것이다. "죽어서라도 갈 거야"

라는 말은 반드시 가겠다는 의지의 표현일 수도(이것은 간다는 말이다), 살아서 갈 수 없다는 사실에 대한 절망의 표현일 수도(이것은 가지 못한다는 말이다) 있다. 이렇듯, 주어져 있는 기호의 표면적 의미에 국한하지 않고 기호와 그 사용자의 관계에 따라 변화하는 의미에 대해 주목하는 이론을 언어학이나 기호학에서는 화용론pragmatics이라고 부른다. 통사론syntax이 기호와 기호 사이의 관계(예를 들자면, 단어와 단어 간의 문법적 측면 같은 것)에 주목하고 의미론semantics이 기호와 의미의 관계에 주목한다면, 화용론은 기호와 그 사용자 또는 실제적 상황 사이의 관계에 대해 주목한다. 말 그 자체가 아니라 말을 둘러싸고 있는 맥락과 말의 주체가 누군지에 대해 따져묻고, 각각의 상황에서 다른 형태로 발생하는 의미에 대해 고찰하는 것이다.

이와 같은 화용론적 태도는 언어에 대한 것뿐 아니라, 사고방식 일반으로 확장될 수 있다. 겉으로 드러나 있는 뜻만이 아니라 감추어져 있는 뜻에도 주의를 기울이는 태도가 그런 것이다. 똑같은 말이라 해도 누가 어떤 상황에서 누구에게 말하는지에 따라 뜻은 전혀 달라질 수 있다. 니체의 『도덕의 계보』 같은 저술은 이런 태도의 대표적인 예가 된다. 여기에서 니체는 선과 악의 개념이 어떤 의미를 지니고 있는지가 아니라, 선과 악에 대해 말하는 사람이 누구인지에 대해 주목했다. 어원학적인 고찰에 근거하여 니체는, 강자가 좋아했던 것이 선이고 싫어했던 것이 악임을 보여주었다. 선악은 보편타당한 것으로 고정되어 있는 개념이 아니라, 현실적 힘을 누가 소유하고 있느냐에 따라 얼마든지 달라질 수 있는, 가변적임을 보여주었던 것이다. 화용론적인 사고는 이처럼, 주어진 의미의 이면을 탐색하는 사고 일반으로 확장될 수 있다.

기호의 세 가지 종류: 도상icon, 지표index, 상징symbol

미국의 기호학자 퍼스C. S. Peirce, 1839~1914는 세 종류의 기호를 명쾌하게 분류했다. 1) 도상은 기호와 뜻의 관계가 형태적 유사성에 바탕한 것이어서 특별히 배우지 않더라도 누구나 뜻을 쉽게 알 수 있는 것이다. 지도나 도형, 그림으로 된 교통 표지판 같은 것이 그것이다. 윈도우 시대가 열린 이후로 PC 화면에 생겨난 수많은 아이콘들이 도상의 대표적인 예다. 2) 지표는 기호와 뜻이 인과적 관계를 지닌 것이어서 산 너머에서 피어오르는 연기는 거기에 불이 있음을, 문을 두드리는 소리는 문밖에 누군가 와 있음을 뜻한다. 일인당 국민소득과 소비자 물가지수 등은 국가 경제의 현재 상황을 알려주는 중요한 경제 지표다. 3) 상징의 대표적 예는 언어다. 여기에서 기호와 뜻의 관계에는 어떤 유사성도 인과성도 없다. '나무'라는 한국어의 발음은 그것이 지칭하는 진짜 나무들과 비슷하지도 않고 원인과 결과의 관계를 가지고 있지도 않다. 더욱이 그 둘 사이의 관계가 필연적인 것도 아니다. 그저 오랜 시간에 걸쳐 사람들이 '나무'라는 소리로 나무를 지칭해왔을 뿐이다. 물론 그 발음 자체는 시간이 지남에 따라 조금씩 바뀌기도 한다. 이처럼 다른 어떤 필연성 없이, 사람들의 반복적 사용에 의해 기호와 뜻의 관계가 맺어진 것을 상징이라고 한다. 언어의 특성으로 지칭되는 자의성(소리와 뜻 사이의 필연성 없는 관계)과 사회성(동시대의 대다수 사람들이 사용하는 것), 역사성(오랜 시간에 걸쳐 사용되고 변해온 것)은 이런 원리를 뜻하는 말이다.

CHAPTER 2

나도 모르는
내 행동의 진짜 이유

오스트리아의 정신의학자 프로이트는 정신분석학의 창시자이다. 19세기의 심리학이 의식 현상의 규명에 집중했음에 비해, 프로이트는 무의식이라는 미지의 대륙을 발견해냈고 그것의 생김새와 작동방식에 대해 밝히고자 했다. 무의식의 발견으로 인해 우리는 스스로의 힘으로 통제 불가능한 영역이 우리 자신 안에 있다는 사실을 인정할 수밖에 없게 되었다. 이것은 근대적 사유에 있어 가장 중요한 주춧돌인 데카르트적 주체에 대한 신뢰, 곧 이성적 주체로서의 자기 확신이라는 근대적 믿음에 종지부를 찍는 일에 해당된다. 프로이트 정신분석학의 이론적 틀은 단지 정신의학의 영역에 그치지 않고 라캉, 마르쿠제, 지젝 등 중요한 계승자들에 의해 심화되어, 우리 삶의 다양한 측면들을 성찰케 해주는 유효한 시각을 제공해주고 있다. 정신분석적 사유에 의해 고안된 주요 개념들을 살펴보자.

무의식unconscious, 의식conscious, 전의식preconscious

무의식이라는 말은 그 자체로 형용모순oxymoron이다. 의식이 있거나 의식이 없는 상태거나 하면 말이 되는데, 무의식이라는 것이 있다는 말은 '없음'이 있다는 말처럼 이상하게 들린다. 프로이트가 누구인지도 모르고 무의식이라는 말도 처음 듣는다고 가정해보자. 의식할 수 없는 의식이나 무의식적인 마음이 있다는 사실이 쉽게 수긍할 수 있는 것은 아니지 않은가. 무의식이라는 말을 사용하기 시작했을 때 프로이트는 이런 비판에 직면했다. 그럼에도 그는 신경증 치료에 관한 다양한 임상 자료를 통해 명백한 정신활동으로서의 무의식 존재를 확인해냈고, 다양한 실례와 이론화 과정을 통해 사람들에게 이를 납득시켰다.

우리의 심리적 현실 속에서 명백하게 활동하면서 힘을 발휘하고 있지만 표면적인 의식 속에는 떠오르지 않고 있는 것을 프로이트는 무의식이라 불렀다. 그런 것이 어떻게 존재할 수 있는가. 프로이트에게는 무엇보다도 꿈의 존재가 무의식의 명백한 증거이자 무의식의 활동을 추적해볼 수 있는 대상이었다. 매일매일 사람의 마음 속에서 상연되는 꿈이라는 드라마의 연출가가 바로 무의식인 것이다. 다시 한번 강조해두자. 무의식은 꿈이 아니라 그 꿈을 만들어내는 힘이다. 꿈 자체가 무의식이라는 생각은 프로이트에 대한 오해에서 비롯된 것이다. 꿈이 무의식이 아닌 것은 꿈에 관한 프로이트의 이론이 해몽 체계가 아닌 것과 같다. 꿈은 다만 무의식을 위한 극장일 뿐이다.

무의식을 규정함에 있어, 단지 의식의 표면에 등장하지 않고 있다는 속성만을 지칭하여 무의식적이라고 하는 것은 아니다. 프로이트가 말하는 무의식은 무엇보다도 자기 자신에 대한 억압과 자체 검열에 의해 통상적인 접근이 차단되어 있다는 점에서 특징적이다. 지금 의식 속에서 활동하지는 않고 있지만 계기가 주어지면 언제든 의식에 떠오를 준비가 되어 있는 것은, 프로이트의 용어에 따르면 전의식이다. 이에 비해 무의식은 어떤 특별한 이유 때문에 의식의 표면으로 떠오르는 것이 억제되어 있어, 우리로서는 쉽게 접근하거나 확인해볼 수 없는 어떤 것이다.

예를 들어보자. 컴퓨터에서 현재 작동되고 있는 프로그램이나 파일이 의식이라면, 현재 가동되지는 않고 있으나 하드에 저장되어 있어 불러내고 싶으면 언제든지 화면을 통해 확인해볼 수 있는 파일이나 프로그램은 전의식이다. 이에 비해 무의식은 지워져버리거나 덧씌워져버린 파일들이다. 이들은 보통 방법으로는 불러내기 어렵고, 아주 복잡한 과정을 통해서나 전문가의 도움을 받아야 가까스로 복구를 시도해볼 수 있는 것들이다. 이처럼 그 어떤 이유로 인해, 마음속에 존재하고 있으면서도 겉으로는 쉽게 드러나지 못하고 있는 마음의 영역이 무의식이다. 말을 바꾸면, 내면화된 금지와 억압이 있는 곳에는 어김없이 무의식이 생겨나는 것이다.

프로이트가 '무의식, 의식, 전의식'의 구분을 강조하고 무의식의 작동방식을 규명하는 데 힘을 썼던 것은, 그의 메타심리학 이론의 전개 과정에서 보자면 첫번째 시기에 해당하는 기간 동안이었다. 1920년을 전후하여, '이드, 자아, 초자아'라는 정신의 새로운 모델이 프로이트의 메타심리학 체계에 도입되고, 그럼으로써 무의식의 특징으로 간주되었던 많은 속성들이 이드의 몫으로 돌려지게 된다.

이드id, 자아ego, 초자아superego

프로이트는 신경증 환자들의 치료에 임했던 의사였고, 그의 이론은 현장의 구체적 사례들을 토대로 만들어졌다. 이런 개별적인 경험들의 축적을 통해 프로이트는 인간의 마음을 이해할 수 있는 좀더 거시적인 이론틀을 만들어내는데, 이를 일컬어 메타심리학 이론이라고 부른다. 프로이트의 메타심리학적 틀은 지형학적인 관점에서 볼 때 크게 두 단계로 나뉜다. '무의식, 의식, 전의식'의 틀이 첫번째 시기의 것이고, 1920년대 초기에 새로이 도입된 모델 '이드, 자아, 초자아'의 체계가 두번째 시기의 것이다.

첫번째 시기의 지형학에서는 쾌락원칙에 따라 자유롭게 유동하는 정신적 에너지로 구성되어 있는 무의식과, 현실원칙에 따라 에너지를 구속하고 통제함으로써 형성되는 의식의 구분이, 그리고 각각의 작동방식에 대한 해명이 중요한 요소였다. 이에 비해 두번째 지형학에서는, '이드, 자아, 초자아'로 구분되어 있는 정신의 세 요소의 상호작용과 역학관계가 좀더 중요한 것으로 부각된다. 단순화시켜 말하자면, 원초적이고 본능적인 힘의 저장고로서 이드가 있고 그 반대편에는 재판관처럼 자아를 감시하고 압박하는 초자아가 있다. 이드와 초자아 사이에서, 서로 다른 방향에서 밀려오는 이 두 개의 난폭한 힘을 제어하고 방어하여 현실에 맞게 순화시키는 기능을 하는 것이 자아이다. 이 세 영역의 상호관계와 상호작용에 초점을 맞추었던 것이 두번째 시기의 지형학이었다.

이드라는 말은 프로이트의 영어판 번역 과정에서 채택된 라틴어로, 본래 프로이트가 썼던 용어는 독일어 das Es이다. 둘 모두, 직역하자면 대문자로 표시된 삼인칭 대명사 '그것'이고, 어감을 살리자면 '거시기'쯤에 해당된다. 특정한 단어로 명확하게 지칭하기 어렵거나 곤란한 것을 일컫는 말이라 이해할 수 있겠다. 이드는 인간이 지니고 있는 원초적인 본능의 저장고이며 비유적인 의미에서 그 힘 자체를 지칭하기도 한다. 이드의 힘은 어떤 금지도 유예도 알지 못한다. 오로지 소망의 가장 직접적이고 즉각적인 충족을 위해 달음질칠 뿐이다. 프로이트가 쾌락원칙이라 불렀던 것도 이힘의 기제를 설명하는 중요한 요소이다. 여기에서 쾌락이란 불쾌한 긴장이 없는 상태를 뜻한다. 부풀어오른 방광이나 쪼그라든 위장은 불쾌한 긴장을 만든다. 방광을 비우고 위장을 채우기 위해, 곧 불쾌한 긴장의 저하와 해소를 위해 앞뒤 가리지 않고 곧바로 나가는 힘이 이드인 것이다.

초자아는 이와 반대로 욕망의 실현에 대한 무조건적인 금지를 명령하는 힘이다. 개체의 성장 과정에서 유아에게 가해진 부모의 금지와 훈육의 목소리가 내면화되고 추상화된 것이 초자아이다. 초자아는 자아에게 이상적인 모습을 제시하며 부추기기도 하고, 양심의 가책과 같은 가혹한 채찍질로 야단을 치기도 함으로써 자아를 자기가 생각하는 도덕적 완전성의 영역으로 몰아간다. 이 같은 초자아의 작용이 궁극적으로 지향하고 있는 것은 이드가 지니고 있는 충동적 힘에 대한 완전한 근절이다. 초자아는 자아를 몰아붙이는 비합리적이고 맹목적인 힘이라는 점에서 이드와 동일한 위상을 지닌다. 초자아와 이드는 그 방향만 다를 뿐, 비현실적이고 비타협적이라는 점에서는 똑같은 위치에 놓여 있는 것이다.

자아는 이 두 개의 난폭한 힘을 제어하고 조절해냄으로써 자기 영역을 확보한다. 이 두 힘과 자아 사이의 대결은 흡사 땅뺏기 싸움과 같아서, 자아의 방어력이 클수록 초자아와 이드의 영역과 위력은 줄어든다. 아무 생각 없는 이드가 자기 욕망만을 내세우며 무언가를 하고 싶다고 달려들 때 초자아는 당위만을 앞세우며 절대로 안 된다고 하지만, 자아는 이드가 원하는 욕망의 실현을 현실적 조건에 맞게 연기시킨다. "나는 할 거야"라고 외치며 달려드는 이드의 욕망을 향해, 초자아가 "절대로 안 돼"라고 한다면 자아는 "조금만 기다려봐"라고 말하는 식이다. 초자아의 억제력과는 달리 자아의 억제력은 현실적이고 합리적이다. 욕망의 만족밖에 모르는 짐승과 금지명령만 입력된 로봇 사이에 놓여 있는 존재, 그것이 곧 자아이다.

방어기제defence mechanisms: **억압, 투사, 반동 형성, 고착, 퇴행**

한 개체에게 닥쳐오는 위험은 다양하다. 외부에서 다가오는 현실적인 위험도 있고, 불쾌한 자극이나 기억, 본능적인 충동으로 인해 마음의 안정을 위태롭게 하는 내적인 위험도 있다. 마음으로 다가오는 위험들을 축소시키거나 제거하여 스스로를 방어하려는 목적으로 작동되는 정신의 작용을 방어기제라고 한다. 이 작용은 대부분이 자아를 중심으로 진행되므로 자아의 방어기제라고 부르기도 한다. 방어기제는 몸이 아니라 마음의 작용이며 또한 위험에 대해 충분히 맞설 수 있을 정도의 힘을 갖지 못한 자아의 작용이어서, 위험에 대해 정면으로 당당하게 대처하는 것이 아니라 위험을 회피함으로써 자아를 보호하는 방식을 취한다. 따라서 방어기제는 비정상적이고 비합리적인 면이 크다. 방어기제에는 많은 종류가 있으나 몇 가지 중요한 것만을 살펴보자.

억압repression은 감당할 수 없을 정도로 불쾌한 기억이나 생각을 의식의 표면에 떠오르지 않게 함으로써 자아를 보호하는 기제이다. 자아의 안전을 위협하는 위험을 부정하거나 왜곡함으로써 마치 위험이 없는 것처럼 보이게 한다는 것이다. 억압은 모든 방어기제 중 가장 핵심적인 것이며, 그로 인해 무의식이 만들어진다는 점에서 정신분석학에서는 가장 중요한 요소를 차지하고 있는 요소이기도 하다. 억압된 기억은 강한 억제력에 의해 통제되어 있다는 점에서, 기억의 힘이 약해져서 생기는 단순한 망각과는 다르다. 단순한 망각이 빛바랜 옷감의 무늬와도 같다면, 억압된 기억은 멀쩡

한 옷을 서랍 밑바닥에 감춰두고 없는 척하는 것과도 같아서 억압의 빗장이 풀리는 순간 옷의 색깔과 무늬는 생생한 질감으로 쏟아져나온다. 억압은 어떤 강렬한 기억의 힘과 그것을 막고 있는 강한 억제력의 충돌로 이루어져 있어, 특정 부위의 마비나 기능 장애, 통증, 천식, 염증 같은 다양한 신체적 증상으로 나타나기도 한다. 이처럼 몸 자체는 이상이 없는데도 정신적인 이유 때문에 생겨나는 몸의 증상을 정신신체적 증상psychosomatic disorders이라 부른다.

투사projection는 자기 내부에 있는 불안의 원인을 바깥에 있는 것처럼 위장함으로써 정신적 부담을 덜어내는 방식의 방어기제이다. 그것은 스스로 져야 하는 책임을 남에게 전가하는 것이며, 핑계를 대거나 합리화함으로써 스스로를 면책시키는 기제이다. 예를 들어보자. 어떤 사람이 미울 경우 "나는 쟤가 싫어"가 아니라, "쟤는 나를 싫어해"라고 생각하는 경우가 있다. 어떤 사람을 정당한 사유 없이 미워하는 것은 도덕적으로 부담스러운 일이다. 그러나 그 사람이 나를 미워한다면 그것은 내가 그 사람을 미워할 만한 충분한 이유가 되며, 이제는 마음껏 자기의 적개심을 (자기 자신에게 혹은 남에게) 드러낼 수 있게 되는 것이다. 또 풀리지 않는 수학 문제로 고민하고 있을 때는 유난히 소음에 민감해진다. 내가 괴로운 것은 어려운 수학 문제 때문이 아니라 소음 때문이라고, 혹은 수학 문제가 풀리지 않는 것은 내 능력이 부족해서가 아니라 소음 때문이라고 생각하고 싶은 것이다. 모두 투사의 기제가 작동하는 예이다.

반동 형성reaction formation은 자기 내부에서 몰려오는 위험스러워

보이는 충동을 반대되는 힘으로 덮어버리는 방식이다. 비정상적인 공포심 같은 것이 대표적인 예다. 어떤 대상에 대해 비정상적인 공포나 거부감을 보일 때, 그런 행동이 실상은 자기가 그것을 원한다는 사실에 대한 공포나 거부라는 것이다(여기에서 중요한 것은 그 반응이 비정상적이라는 사실이다). 호들갑스러운 사랑의 표현은 그 속에 무의식적인 증오를 감추고 있고, 사회적 규범에 대한 지나치게 철저한 복종의 이면에는 그에 대한 반항과 적개심이 감춰져 있다. 두려운 사람에 대해 더 친근한 듯이 구는 것도 그와 유사한 메커니즘이다. 모든 행동이 그 반대의 마음을 감추고 있다고? 물론 그렇지는 않다. 반동 형성의 특징은 지나친 과장과 호들갑이다. 꼴도 보기 싫은 어떤 사람이 있다. 나는 틈이 날 때마다 거짓말까지 보태가면서 그 사람 욕을 한다. 친구에게 엄마에게 동생에게. 그렇다면 의심해볼 일이다. 내가 싫은 것은 그 사람이 아니라 그 사람에게 끌리는 내 마음이 아닌지, 내가 욕하고 비난하는 그 모든 것을 내가 원하고 있는 것은 아닌지. 과장과 호들갑 뒤에는 그와 반대되는 충동이 감추어져 있기 쉽다.

고착fixation은 정신적 발육부진이다. 한 개체의 성장 과정에서, 실패나 예상되는 처벌, 불안정에 대한 불안한 마음으로 인해 더이상의 성장을 거부하는 것이다. 젖을 떼고 이유기가 끝나고 나면 아이는 우유를 컵이나 빨대로 마셔야 한다. 그런데 여전히 젖병을 고집하는 아이의 행동 같은 것이 고착이다. 자기에게 낯익은 것으로부터 떨어지는 것에 대해 느끼는 불안(이를 분리불안separation anxiety이라 한다)이 주된 요인이다. 나이에 맞지 않게 분홍색에 집착한다든지, 커서도 어린아이 같은 말투를 버리지 않는 것 등도 그런 예다.

퇴행regression은 한 개체의 발달 단계에서 그 이전의 상태로 되돌아가는 것을 뜻한다. 실패하거나 좌절한 사람이 고향이나 친정집을 찾는 것과도 같다. 과도한 음주나 폭식, 그리고 안 그러던 사람이 나이에 맞지 않는 각종의 유치한 짓—거울 앞에서 폼잡기, 약한 사람 괴롭히기, 날밤을 새며 게임하기—을 하는 것도 모두 퇴행이다. 퇴행은 유년기의 행복감을 상기시켜준다는 점에서 사람을 행복하게 만들어주는 측면이 있다. 사랑에 빠진 연인들이 서로에게 애교 부리고 어리광을 피울 때 그들은 그런 행복감의 한가운데 있다. 물론 그 밖에서 자기들을 바라보는 시선을 의식하거나 그런 시선으로 자기 자신을 바라보게 된다면 그것은 매우 거북한 일이 아닐 수 없다.

방어기제는 물론 건강한 마음과는 거리가 있다. 하지만 모든 사람이 자기 마음에 닥쳐오는 위험에 대해 정면 대결을 할 수 있을 만큼 강한 것도 아니고, 모두 건강한 마음으로 잘 살고 있는 것도 아니다. 비합리적이긴 해도, 마음이 회복 불가능할 정도로 망가져버리는 것을 막아주는 것이 방어기제의 기능이다.

CHAPTER 3

몸과 마음의
경계에서 발생하는
삶의 에너지

사람들에게 프로이트의 이론이 어렵게 느껴진다면 그 중요한 이유 중의 하나는 낯설게 보이는 개념어들 때문일 것이다. 이 둘은 마치 수학과 연산식의 관계와도 흡사하다. 상징적인 부호와 약호로 구성되어 있는 연산식이나 공식은 그 생경함으로 인해 수학의 세계로 들어가는 데 일차적인 진입 장벽 노릇을 한다. 하지만 일단 그 세계를 통과하고 나면 지식의 새로운 우주가 열린다. 이는 비단 수학뿐 아니라 말 배우기나 문자 익히기 같은 또다른 상징체계의 경우에도 마찬가지다. 프로이트는 정신분석학의 창시자이다. 일반적으로 어떤 생각의 창시자들이 하는 말은 어렵지 않다. 창시자들의 언어는 낯선 생각을 사람들에게 처음으로 알리는 말이기 때문에 될 수 있는 한 쉬운 언어여야 한다. 프로이트도 마찬가지다. 그의 생각이 까다롭게 보인다면 단지 조금 낯설어 보이는 개념어들 때문일 것이다.

리비도libido, 성욕sexuality

리비도는 갈망이나 욕망을 뜻하는 라틴어이다. 프로이트는 유기체의 내부에 존재하는 성적인 에너지를 지칭하기 위해 이 말을 사용했다. 그런 힘의 존재를 어떻게 확인할 수가 있는가. 사랑을 원하는 수많은 사람들, 짝짓기를 위해 많은 것을 희생하고 심지어는 목숨까지 바치는 다양한 종류의 동물들의 행동이 있다. 그런 행동을 가능케 하는 힘을 일컬어 프로이트는 리비도라 불렀다.

리비도는 이처럼 에너지나 힘의 형태로 정의되어 있기 때문에, 힘이라는 속성 자체가 그렇듯이 좀더 구체적으로는 끊임없이 움직이고 변형되는 것으로 표현된다. 특정 대상을 향해 쏟아지거나 그로부터 빠져나오고 잠재적인 상태로 고여 있거나 집중된 강도로 드러나기도 하는 것이다. 또 인간의 성장 과정에서 리비도는 다양한 형태로 조직되어 단계에 따라 상이한 모습으로 나타나기도 한다. 젖먹이 때의 빠는 행위나 배변을 통제하는 행위, 좀더 커서는 짝짓기의 대상을 찾고 다양한 형태로 섹스를 즐기는 행위 등이 그것이다. 프로이트는 리비도가 조직되어 나타나는 이 같은 단계를 구순기oral stage, 항문기anal stage, 남근기phallic stage, 성기기genital stage 등으로 명명했다. 각 단계들은 말 그대로 입과 항문, 남근, 남녀의 성기 등을 중심으로 리비도가 조직되는 현상을 뜻한다. 이런 프로이트의 생각은 물론 처음부터 완성된 채로 생겨난 것이 아니라, 그의 생각이 전개됨에 따라 조금씩 바뀌어온 결과이다. 프로이트는 초기에 사춘기 이후의 성욕이 있는 단계와 그 이전의 성욕 없는 단계를 구분하는 것에서 시작하여, 나중에는 리비도가 조직화된 단계를 위와 같은 순서로 표현하기에 이르렀다. 이중에서 성기기와 남근기는 중첩되는 것처럼 보인다. 하지만 성기기는 사춘기 때로, 남녀 성기를 중심으로 리비도가 조직화되는 시기를 뜻하며, 남근기는 그 이전에 남녀의 구분 없이 모두 남성 성기에만 집중하게 되는 시기를 뜻하는 것으로 구분된다.

이러한 맥락에서 리비도의 개념은 프로이트가 새롭게 정의한 성욕이나 성 충동의 개념과 밀접하게 연관되어 있다. 그는 성욕의 개념을 일반적인 의미와는 다르게 구사하여 유아들에게도 성욕이 있다고 했다. 순진무구한 아이들에게 성욕이라니 그게 무슨 소리인가. 프로이트의 이론이 알려지기 시작하면서 사람들에게 스캔들처럼 다가갔던 것은, 인간의 모든 사고와 행위를 오로지 성욕이라는 원천으로 환원시킨다는 오해 이외에도 이와 같은 유아 성욕이라는 개념에 대해 언급했던 것이 한몫을 했다.

프로이트가 정의하는 성욕이란 사람들이 통상적으로 생각하는 섹스 행위(성기의 교접)로만 환원되지 않는 좀더 넓은 범위의 쾌감을 포함하고 있다. 이는 마치 인간의 심리적인 것이 모두 의식으로 환원될 수 없으며 무의식이라는 엄청난 실체와 연결되어 있음을 적시해낸 것과 흡사하다. 성욕은 신체기관을 통해 느끼는 쾌감을 가리키는 것이되, 생식기관의 활동이나 쾌감에만 국한되는 것이 아니라, 신체기관 자체의 생리적 욕구와는 무관하게 작동하는 쾌감 일반을 뜻한다. 이를테면 젖먹이가 젖을 빠는 행위는 영양을 섭취하기 위한 것이지만, 배가 고프지 않은 상태에서 행해지는 손가락 빨기나 가짜 젖꼭지 빨기는 생리적 욕구의 나머지에 해당되며, 빠는 행위 자체에서 쾌감을 취하는 것이다.

그렇다면 생리적 욕구 이외의 모든 행위들이 성욕의 산물이라는 것인가. 그렇지는 않다. 생리적 기본 욕구의 나머지이자 잉여로서 존재하며 성장한 뒤에 성숙한 상태의 성감을 통해 다시 확인되는 신체기관의 광범위한 쾌감을 프로이트는 성욕이라 했다. 이런 정의에 의할 때 성욕은 유아기 때부터 다양한 형태로 존재하는, 정신과 신체의 광범위한 활동에 해당되는 것이며, 젖먹이에게 빨기는 생명 유지의 행위임과 동시에 성행위이기도 한 것이다.

에로스Eros, 죽음 충동death drive

사람들이 살아가는 세계를 바라보는 프로이트의 관점에서 매우 중요한 두 개의 핵심어는 굶주림과 사랑이다. 이 두 개의 요소가 인간의 정신활동을 추동해내는 두 개의 중심이라는 생각은 프로이트의 책 전체에 두루 펼쳐져 있다. 신경증을 성 충동과 자기보존 충동 사이의 긴장이 만들어낸 것으로 보았던 것이 대표적인 예이며, 에로스와 죽음 충동이라는 두 요소의 상호작용으로 인간의 정신활동을 설명하고자 했던 만년의 프로이트의 생각도 그 연장에 있다.

충동이라는 말은 독일어 Trieb의 번역어이다. 표준판 영어 전집 번역자는 이것을 instinct로 옮겼고, 이 때문에 한국에서도 초기에는 본능이라는 단어가 그 번역어로 쓰였다. 하지만 Trieb는 인간의 마음이 지니고 있는 힘으로서 동물적 차원의 Instinkt와는 구분되어야 한다고 했던 라캉의 지적 이후 영어 drive가 instinct를 대신하여 Trieb의 번역어가 되었고, 한국에서도 본능 대신 충동이라는 말이 널리 쓰이기 시작했으며, 욕동이라는 신조어가 등장하기도 했다.

충동의 개념은 프로이트 자신이 말한 바 있듯이 매우 모호한 개념이다. 그는 충동을 일컬어 몸과 마음의 경계에 놓여 있는 것, 몸이 지니고 있는 힘이 마음으로 표현된 것이라는 식으로 언급했다. 완전히 육체에만 속한 것도 아니고, 또한 완전히 마음에만 존재하는 것도 아니라는 것이다. 인간의 다양한 행동을 만들어내는 근원적 힘으로서의 충동이란, 실핏줄이나 내장처럼 해부학적으로 확인될 수 있는 것도 아니고 그 실체가 이것이라고 단도직입적으로 가르쳐줄 누군가가 있는 것도 아니다. 다양한 심리적 현상들을 바탕으로 추론을 통해 가설적으로 구성될 수밖에 없는 것, 그것이 곧 인간의 마음을 만들어내는 근원적 힘으로서의 충동인 것이다.

프로이트의 충동의 개념은 당초부터 인간의 성욕과 밀접한 연관을 지니고 있었다. 충동이 단순한 자극과 다른 것은, 그 자극의 원천이 몸과 마음의 내부에 있다는 점 때문이다. 성욕의 경우도 마찬가지이다. 그에게 인간의 성욕이란 온전히 신체적인 것도 심리적인 것도 아닌, 그 경계에 있는 어떤 것이었다. 그런데 이와 같은 리비도적 힘의 반대편에는 이 힘을 통제하는 또다른 힘이 있어, 프로이트는 이를 자기보존 충동 혹은 자아 충동이라고 불렀다. 이 두 힘의 대립은, 프로이트의 다른 용어로 말하자면 쾌락원칙과 현실 원칙의 대립으로도 표상될 수 있다. 쾌락을 추구하는 맹목적인 힘과, 그 충족의 현실성을 고려하여 그 힘을 통제하는, 그와는 반대되는 힘의 대립인 것이다.

성 충동과 자아 충동의 이원론은 프로이트의 이론이 전개됨에 따라 약간의 변화를 거쳐, 1920년의 논문 「쾌락원칙을 넘어서 Beyond the Pleasure Principle」에서는 에로스와 죽음 충동이라는 이원론으로 확립된다. 여기에서 에로스란 프로이트가 삶 충동과 같은 뜻으로 사용하는 말로서, 이전의 성 충동이 지니고 있던 리비도적 의미의 외연이 좀더 확장되어, 삶의 연장(목숨을 늘리는 일)을 위해 사용되는 힘 일반을 뜻하게 된다. 죽음 충동은 비非리비도적인 힘으로서, 삶 충동과는 반대로 생명의 연장과 확대에 반대 방향으로 작동하는 힘을 지칭한다.

삶 충동으로서의 에로스를 이해하는 것은 그렇게 어렵지 않다. 살고자 하는 힘, 생명을 연장하고 자기 영역을 확장하는 일은 우리에게 매우 익숙한 것이기 때문이다. 그러나 전체로부터 자기를 끊어내고 스스로를 위축시키려 하는 힘으로서의 죽음 충동을 이해하는 것은 쉽지 않다. 프로이트는 인간을 움직이는 근본적인 힘으로서의 충동이 기본적으로 보수적인 것임을 지적한다. 이는 그가 쾌락원칙을 설명하는 방식과도 유사하다. 유기체가 느끼는 쾌락은 불필요한 긴장과 흥분(예를 들면 방광에 오줌이 가득차 있는 상태)

이 없는 상태이고, 그 상태를 회복하고자 하는 것, 곧 애초의 평형 상태로 돌아가고자 하는 것이 모든 유기체의 운동 방향이라는 것이다. 원래의 상태로 돌아가고자 하는 것을 두고 보수적이라고 하는 것이다. 그렇다면 그 방향성의 끝은 어디인가. 유기체 내부에 어떤 긴장과 흥분이 없는 상태라면 그것은 곧 죽음의 상태가 아닌가. 프로이트의 생각 속에서 이런 논리는 모든 유기체가 무기물에서부터 진화해왔다는 진화론적인 가설과 결합되어 좀더 큰 힘을 얻었다. 모든 유기체가 무기물의 결합으로부터 생겨나서 결국 유기체의 해체인 죽음을 향해 가는 것이라면, 곧 모든 유기체의 목표가 궁극적으로는 죽음일 수밖에 없는 것이라면, 그 죽음을 향해 가는 유기체 내부의 힘을 무엇이라 부를 수 있는가. 이 질문에 대한 프로이트의 대답이 곧 죽음 충동이다.

프로이트가 삶 충동을 에로스로 불렀던 것과 짝을 맞추어, 마르쿠제는 죽음 충동을 죽음의 신 이름을 따서 타나토스라 불렀고, 이후 이 둘은 에로스와 타나토스로 불리기도 한다.

반복강박compulsion to repeat

프로이트 사유의 전개 과정 속에서 반복강박에 대한 논의는 죽음 충동에 대한 이론이 잉태되는 지점에 놓여 있다는 점에서 중요한 위치를 점하고 있다. 프로이트는 「섬뜩함에 관하여The Uncanny」 (1919)라는 논문에서 쾌락원칙을 넘어설 만큼 강력하게 작동하는 반복강박이라는 기제에 주목했고, 「쾌락원칙을 넘어서」에서는 좀더 일반적인 차원에서 반복강박이라는 기제를 확인하고 그 기능과 의미를 규명함으로써 죽음 충동이라는 가설을 만들어낸다. 여기에서 프로이트가 일차적으로 주목하고 있는 것은 다양한 경우를 통해 검출되는 반복강박이라는 현상이다.

프로이트가 반복강박의 대표적인 예로 제시하는 것은 외상성 신경증 환자의 꿈이다. 외상성 신경증이란 교통사고나 전쟁 등의 갑작스러운 사고의 충격으로 발생하는 신경증을 말한다. 현재는 외상후 스트레스장애PTSD라 불린다. 운동장애가 나타난다는 점에서 히스테리와 흡사하지만, 심기증이나 우울증과 같이 주관적인 자각 증상이 뚜렷하고, 전신쇠약이나 정신장애를 불러일으킨다는 점에서 단순한 히스테리를 넘어선다. 프로이트가 메타심리학의 차원에서 흥미롭게 바라보는 것은 외상성 신경증 환자의 꿈이다. 프로이트에게 꿈은 무의식의 무대이며, 의식의 차원에서 억압당한 것들이 어떤 제약도 없이 소망 충족과 쾌락원칙의 구현을 향해 나아가는 장이다. 그런데도 외상성 신경증 환자의 경우는 이러한 꿈 일반이 가지고 있는 문법과는 사뭇 다른 양상이 전개되어서 문제가 되는 것이다. 프로이트에게 이것은 매우 진기한 일이었다. 행복을 추구하는 꿈의 기능과 어긋나는 것이었기 때문이다. 꿈속에서 사고가 발생하던 당시의 상황으로 반복적으로 되돌아가고, 그럼으로써 그때의 충격을 거듭 반복하여 경험하게 되는 양상이 그것이다. 이와 같은, 불쾌한 경험의 계속적인 반복을 일컬어 프로이트는 반복강박이라 했고 신비한 현상이라 했다. 그가 그때까지 무의식의 근본적인 힘이라 생각했던 쾌락원칙과 다른 기제에 의해 작동하고 있다는 점에서 신비하다는 것이다.

그렇다면 반복강박을 어떻게 이해해야 하는가. 무엇 때문에 그와 같은 반복이 행해지는가. 프로이트는 반복강박을 야기하는 정신적 외상의 속성에 접근함으로써 이 질문에 대답하고자 했다. 의식은 감각기관을 통해 포착되는 외부의 자극에 대한 지각과 그것에 대한 반응으로 야기되는 내부의 흥분으로 구성된다. 문제는 의식이 감당하기 어려울 정도로 강렬한 흥분이 야기되었을 때이다. 외부의 강렬한 자극은 감각기관을 차단함으로써 막아낼 수 있으나, 유기체의 내부에서 야기되는 강렬한 흥분에 대해서는 그러한 방어막이 있을 수 없다. 따라서 의식은 그런 흥분에 대해, 그것이 안에서가 아니라 밖에서 작용하는 것처럼 다루려고 한다. 투사의 메커니즘이 그것이다. 그러나 의식은 감당하기 어려울 정도로 강렬한 흥분에 대해서는 속수무책이다. 그것을 프로이트는 마음에 생긴 상처, 심리적 외상trauma이라 부른다. 그리고 그것이 외상성 신경증을 야기한다는 것이다. 말하자면 외상성 신경증은 아무런 준비가 없는 상태에서 밀어닥친 경악fright의 경험에 의해 생긴 것이다. 바로 이 대목에서 작동하는 것이 반복강박의 메커니즘이다.

경악이 문제가 되는 것은 어떤 준비도 없는 상태에서 밀어닥친 강렬한 흥분이라는 점 때문이다. 그것이 곧 심리적 외상을 만든다. 외상성 신경증 환자의 꿈은 주체를 그 경악의 현장으로 데리고 감으로써 다시 그 경험을 반복하게 하며, 그러한 반복은 의식에 불안을 야기시킨다. 불안anxiety은 어떤 충격의 순간을 예기하고 있는 의식의 준비 상태이다. 불안 속에서 의식은 다가올 경악의 경험에 대해 준비를 하게 되고, 불안으로 무장되어 있는 의식에게 심리적 외상은 최초의 충격과는 달리 훨씬 완화된 흥분으로 다가오게 되며, 그 과정의 반복을 통해 최초의 흥분은 점차 의식의 차원에서 수용 가능한 것으로 바뀌게 되는 것이다. 요컨대 외상성 신경증 환자의 꿈에서 반복강박은, 충격적인 경험으로 인해 야기된 내부의 강렬한 흥분을 길들이고 완화시킴으로써 의식에 의해 수용 가능한 것으로 만들어주는 무의식의 기제인 것이다.

프로이트는 여기에서 더 나아가, 반복강박이 수행하는 기능을 충동의 차원으로까지 확장한다. 외부의 자극에 반응하여 야기되는 내부의 흥분은 경우에 따라 유쾌한 것일 수도 불쾌한 것일 수도 있다. 여기에서부터 쾌락원칙이 작동하기 시작하지만, 그러나 그런 흥분이 쾌/불쾌로 경험되기 위해서는 그 자체가 정돈되고 통제된 것으로 존재해야 한다. 자유롭게 유동하면서 흥분을 만들어내는 리비도가 하나의 다발로 묶여야 한다는 것이다. 반복강박이 수행하는 것은 그와 같은 작용, 즉 흥분을 조직하여 의식의 차원에서 수용 가능한 것으로 만들어주는 작용이다. 그런 점에서 프로이트는 반복강박을, 쾌락원칙과 독립적으로 존재하는 것이며, 쾌락원칙보다 우선적으로 작동하는 유기체의 메커니즘으로 간주한다. 그리고 그것을 유기체가 지니고 있는 근본적인 관성으로서의 충동, 곧 아무런 내적 흥분이 없는 상태, 무기물의 상태로 돌아가고자 하는 충동과 병치시켜놓으며, 그 충동을 일컬어 죽음 충동이라 불렀다. 마음속에서 생긴 고통스러운 흥분의 소멸을 향해 나아가는 반복강박과, 화학적 긴장의 소멸로서의 죽음을 향해 나아가는 충동은 그의 논의에 따르면 사실상 같은 것을 지칭한다고 할 수 있다.

CHAPTER 4

말하는 짐승으로서의
인간의 본성

프로이트에 의해 초석이 놓인 정신분석학적 사유는 라캉이라는 또하나의 걸출한 인물을 만남으로써 20세기 지성사에서 매우 큰 힘의 하나로 자리잡을 수 있었다. 라캉은 소쉬르와 야콥슨 등에 의해 정교화된 언어학적 사유를 바탕으로 프로이트를 새로 썼고, 그 결과로 정신분석학은 프로이트가 만년에 보여주었던 인간학적 사유의 가능성을 좀더 보편적인 인문학적 지식의 차원에서 펼쳐놓을 수 있었다. 여기에서 결정적인 힘을 발휘했던 것은 인간의 본성과 언어에 대한 통찰이다. 이 점을 가장 상징적으로 보여주는 것이 라캉에 의해 조형된 욕망의 개념이다.

욕구need, 요구demand, 욕망desire

라캉의 욕망은 그와 유사한 개념들인 욕구나 요구 등과 함께 놓임으로써 좀더 분명하게 개념화될 수 있다. 흔히 사람의 욕심에는 끝이 없다고 한다. 말 타면 견마牽馬 잡히고 싶다는 속담처럼, 하나를 얻으면 또다른 하나를 바라는 것이 우리가 일상에서 흔히 느낄 수 있는 사람의 욕심의 구조다. 이를 논리적으로 개념화한 것이 라캉의 욕망의 개념이다. 그는 욕망을 요구와 욕구의 차이, 요구에서 욕구를 뺀 나머지로 규정했다.

욕구란 사람의 몸이 지니고 있는 원함과 상응하는 것이다. 방광이 차면 배설하고 싶고, 위장이 비면 먹고 싶어지는 것과 같은 차원이다. 몸이 원하는 것을 충족시키기 위해 마음은 그것에 필요한 기억 영상들을 만들어낸다. 배설을 위한 사적인 공간이나 맛있는 음식 같은 것들. 그것이 프로이트의 용어로 말하자면 소망 충족이다. 그리고 그런 영상을 떠올린 주체는 욕구의 현실적 충족을 위해 자기 자신과 다른 사람들에게 무언가를 요구한다. 이 경우 요구는 언어를 통해 번역된 욕구이다. 그런데, 주린 배를 채우고 난 다음에도 남는 그 무언가가 있어 문제가 된다.

이를테면, 학교에서 돌아와 배가 고파진 딸이 있다. 엄마에게 배고프다고 하자, 엄마는 지금 바쁘니 너 좋아하는 라면을 끓여 먹으라고 하며 나가버렸다. 썰렁해진 집 안에서 딸은 라면을 끓여 허겁지겁 먹기 시작했다. 뜨거운 김 때문에 켁켁 기침을 하면서. 그런데 그릇이 바닥나고 남은 국물을 먹기 시작할 때쯤 딸의 마음이 안 좋아지기 시작했다. 공허감이 엄습하여 괜히 눈물이라도 날 것 같은 마음이었다. 무엇 때문인가. 좋아하는 라면도 먹었고 이제는 배도 불러 느긋하고 편안한데 무엇이 불만이란 말인가. 아마도 딸이 원했던 것은 라면이나 밥만이 아니었을 것이다. 라면 속에 있는 라면 이상의 그 무엇, 밥상 옆에 앉아 학교에서 있었던 일을 물어주고 이것저것 자분자분 챙겨주는 엄마의 배려나 사랑의 표현 같은 것을 원했던 것이 아니었을까.

그래서 라캉은 모든 요구는 근본적으로 사랑에 대한 요구라고 한다. 요구는 순수한 욕구 충족 이상을 원하는 것이고, 따라서 먹을 것을 달라는 딸의 요구는 당신의 사랑과 배려와 관심을 달라는 요구였던 셈이다. 배를 채우고 난 다음에도 남는 정신적인 공복감은 라면을 하나 더 끓여 먹는다 해도, 디저트로 케이크와 초콜릿을 아귀아귀 먹어치운다 해도, 채워지지 않는다. 이처럼 욕구와 요구 사이의 차이로 존재하는 나머지, 그 공허감을 라캉은 욕망이라고 부른다.

욕망은 사람의 마음속에서 채워질 수 없는 근본적 결여를 강조하는 개념이다. 한 남자가 한 여자에게 커피 한잔 할 수 있겠느냐고 예의 바르게 청했다. 커피가 마시고 싶다면 저기 자판기가 있다고, 여자가 오백원짜리 동전 하나를 건넨다면 남자의 반응은 어떨까. 그렇다면 커피 마시자는 남자, 당신이 원하는 게 무엇인가. 커피가 아니라 같이 이야기를 나눌 시간이라고? 그래서? 좀더 서로를 잘 알 수 있는 시간이 필요하다고? 그래서 그다음은? 사귀어보자는 것인가? 그래서? 연애하고 결혼하자고? 그다음은? 사랑하는 사람과 함께하고 싶은 마음은, 상대방과 몸과 마음으로 완전하게 하나가 되는 순간을 원하고 그 바람이 상대방과 같이 있음으로써 충족될 수 있다고 생각하지만, 그것은 착각일 뿐이다. 상대와 같이 잔다고 해도, 상대방의 몸을 갈아서 마셔버린다 해도 결코 하나가 될 수는 없다. 그것이 라캉이 강조하는 욕망의 회로이다.

라캉은 욕망이 환유와 같다고 했다. 욕망은 마치 환유처럼(1장 참고), 사슬처럼 이어지는 대상의 흐름을 타고 끝없이 나아갈 뿐이다. 장난감을 받고서 기뻐하다 금방 싫증을 내고 다른 것을 원하는, 그렇게 끝없이 다른 대상을 향해 나아가는, 어른의 눈으로 보면 괴물같이 변덕스러운 어린아이야말로 욕망의 적실한 표상이다.

상상계the imaginary, 상징계the symbolic, 실재계the real

1953년 발표된 이 세 개념은 이후 라캉의 이론에서 매우 중요한 위치를 차지한다. 이 셋은 언어의 질서를 생각하면 어렵지 않게 이해할 수 있다. 사람의 말은 최소한 세 가지 요소가 있어야 성립될 수 있다. 말 그 자체와 말의 뜻, 그리고 그 말이 지칭하는 대상. 여기에서 말의 뜻은 상상계, 말 그 자체는 상징계, 대상의 세계는 실재계이다.

이런 라캉의 도식은 기본적으로 인간이 언어를 통해 사유하고 행동하는 동물이라는 점, 언어를 배움으로써 비로소 인간은 공동생활의 영역으로 진입할 수 있다는 사실을 바탕으로 성립된다. 초기 단계의 라캉은, 인간의 성장 과정에서 언어를 배우기 시작하는 6개월에서 18개월 정도의 시기를 거울단계mirror stage라고 지칭했다. 이 시기에 인간은 말을 배우기 시작하고 동시에 자기 자신의 존재를 서서히 깨닫기 시작한다. 이는 거울에 비친 자기 자신의 모습에 대해 특별한 반응을 보이는 것이 사람의 유아들뿐이라는 점에 착안한 것이다. 바로 이 시기에 유아는 '통합된 신체의 이미지'를 획득한다. 즉 이 팔이 내 팔이고 이 다리가 나의 것임을 알아나간다는 것이다. 이 시기의 유아에게 중요한 것은 다음 두 개의 존재이다. 하나는 자기에게 먹을 것을 주고 불편하지 않게 돌봐주는 사람, 다른 하나는 그 배려 속에 있는 존재로서의 자기 자신이다. 엄마와 유아로 대표될 수 있는 관계가 이 시기 유아에게는 세계의 전부이다. 그리고 그 상태만으로 완벽한 충족감을 느낄 수 있는 상태 혹은 세계를 라캉은 상상계라 부른다.

언어가 이런 충족감을 분할하기 시작하면서부터 상징계가 시작된다. 오로지 먹는 입과 배설하는 항문으로만 존재하던 어린아이가 이제부터는 언어를 통한 금지와 통제를 만나기 시작한다. 먹을 수 있는 것과 없는 것을 구분해야 하고, 배설해야 되는 시기와 아닌 시기를 알아야 하며, 그에 따라 칭찬이나 질책이 가해진다. 이런 과정에서 엄마와 아이로 구성되어 있던 세계는, 언어를 사용함으로써 어린아이를 통제하는 제3의 존재를 통해 새롭게 구성된다. 이 제3의 존재를 라캉은 '아버지의 이름'이라 불렀거니와, 이는 진짜 아버지를 지칭하는 것이 아니라 아이가 인간 사회의 일원이 되기 위해 숙지해야 하는 규범을 뜻한다. (라캉이 1955년 사용한 이 용어는 프랑스어로 nom du père라고 쓴다. 이것은 non du père와 발음이 같고, 이는 '아버지의 안 돼'라는 뜻이다. 그러니까 '아버지의 이름'이라는 말을 씀으로써 라캉은 그것이 '아버지의 금지명령'과 겹쳐지고 있음을 암시한다. 상징 질서를 받아들이는 것은 이와 같은 억압 과정을 필연적으로 동반하게 된다는 것이다.) 양육자와 아이 사이에 존재하던 완벽한 충족감은 이처럼 언어와 규범의 개입을 통해 파괴되고, 이제 아이는 욕구와 요구 사이의 불일치에 의해 만들어지는 욕망의 회로 속으로 빨려들어가는 것이다. 이처럼 언어적 질서가 지배하고 있는 마음의 세계를 라캉은 상징계라 부른다.

상징계와 대비되는 것으로서의 상상계는 기본적으로 착각이 지배하고 있는 세계이다. 라캉이 거울단계라고 불렀던 시기에 아이는 자기 자신에 대한 통합적인 이미지를 만들어간다고 했을 때, 이때 아이가 알게 되는 자기에 대한 이미지는 거울에 비친 자기 자신의 모습을 기본으로 한다. 진짜 거울일 수도 있고, 사람들의 반응이라는 추상적인 거울일 수도 있다. 그러나 거울에 비친 이미지(이것을 거울상mirror image이라 부른다)는 일찍이 시인 이상이 거울 속의 나를 일컬어 악수도 할 줄 모르는 왼손잡이라고 했듯이, 자기 자신과는 매우 닮았지만 사실은 정반대라 할 만큼 다른 존재이다. 사람은 그것을 자기 자신의 모습이라고 착각하는 것이며, 라캉은 이런 모습을 두고 사람들의 자기 인식은 오인misrecognition에 불과한 것이라고 했다. 이런 착각은 상징계로 진입했다 하더라도 사라지는 것은 아니다. 상상계의 충족감이 사라지는 것이 아니라 분할되듯이, 상상적 세계의 착각도 언어로 구성되는 세계의 바탕에, 언어 자체와 그 의미라는 개념쌍의 형태 속에 남아 있게 된다.

예를 들자면, 사랑이 무엇인가. 간절하게 그리는 마음? 상대에 대한 배려? 합일에 대한 욕구? 아끼는 마음? 부모나 자식에 대한, 이성에 대한, 동료에 대한, 자연이나 인류나 세계 평화에 대한, 사랑이라는 단어 밑으로는 수많은 뜻이 흘러가고 있으되 이중 어느 하나를 짚어 사랑의 뜻이라고 한다면 필경 그 뜻과 말은 서로 어긋나는 것일 수밖에 없다. 마치 욕구와 요구가 어긋날 수밖에 없듯이. 그렇다면 사랑이라는 말의 진짜 뜻은 무엇이고 우리가 사랑이라는 이름으로 지칭하고자 하는 진짜 대상은 어디에 있는가. 그것은 사랑이라는 단어의 소리와 그 뜻이 만들어내는 차이 속에 있을 수밖에 없다. 이처럼 말과 뜻이 만들어내는 간극 속에 있을 수밖에 없는 진짜 대상의 세계를 일컬어 라캉은 실재계라 했다. 그것은 모순적이고 역설적인 세계이다. 궁극적으로는 고정된 의미에 도달할 수 없는 말들의 세계, 순수한 차이로만 존재하는 세계이다.

라캉은 왜 실재계라는 이상한 개념을 안출해내야 했을까. 언어로 이루어지는 상징계란 소리(말)와 뜻의 불일치로 인해 끝없이 유동하는 불완전한 것일 수밖에 없다. 그 어떤 고정된 뜻도 상상적인 것, 곧 착각일 수밖에 없기 때문이다. 순수한 차이로서의 실재계는 그 착각이 깨지는 지점에 버티고 있다. 소리와 뜻의 불일치가 발생하는 지점에서 생겨나는 진짜 대상, 실재계의 대상을 라캉은 '대상a'라고 불렀다. 이는 현실 속에 존재하는 대상이 아니라 정신분석을 통해 사후적으로 드러나는 대상이다.

누가 나에게 말했다. 우리 술 한잔 할까. 대체 이건 무슨 뜻일까. 아무 생각 없이 그냥 술 한잔 하자는 걸까. 아니면 무슨 심각한 이야깃거리가 있는 것일까. 이 경우 '술 한잔'이 지니고 있는 진짜 뜻은 두 사람 사이에서 오고가는 수많은 착각을 거친 후 서서히 드러나게 되어 있다. 그것이 '술 한잔' 속에 있는 그것 이상의 무엇, 곧 대상 a이다. 라면의 대상 a나 사랑의 대상 a도 마찬가지다. 그것들은 모두 우리가 사용하는 언어의 불완전성을 감추고 있으며, 나아가서는 우리 마음과 생각과 이성의 불완전성을 함축하고 있다. 그래서? 라캉이 말하는 것은 겸손하게 살라는 것인가? 누구에 대한 겸손일지는 모르나, 아마도 그래 보인다. "나는 생각한다. 고로 나는 존재한다"라고 했던 데카르트의 유명한 말을, 라캉은 이렇게 뒤집어놓았다. "나는 내가 존재하지 않는 곳에서 생각한다. 고로 나는 내가 생각할 수 없는 곳에 존재한다." 이것은 무의식과 실재계의 세계를 염두에 둔 발언이거니와, 라캉은 이런 모습의 이성을 일컬어 데카르트적인 이성에 맞서 '프로이트 이후의 이성'이라고 불렀다.

CHAPTER 5

대체
나는 무슨 말을 하고 있는가

의미작용signification, 기표記表, signifiant와 기의記意, signifié

의미작용이란 의미의 형성이나 의미화, 의미의 만들어짐 등을 뜻하는 말이다. 말의 의미는 고정되어 있는 것이 아니라 특정한 과정을 통해 형성되고 만들어진다는 뜻이 의미작용이라는 말 속에 함축되어 있다. 한 단어나 구절의 의미는 문장의 움직임에 따라 부단히 움직이고 있으며, 그런 작동과 작용을 통해 조금씩 변하기도 하고 아예 새롭게 태어나기도 한다.

그렇다면 여태껏 우리가 써온 말의 의미가 고정되지 않았다는 것인가. 언어는 사람들 사이의 의사소통 도구인데 그 의미가 고정된 것이 아니라면 이것은 대단히 심각한 일이 아닌가. 그렇다. 우리는 그런 언어를 소통의 도구로 사용하고 있어 문제가 생겨난다. 이를테면 이런 장면을 떠올려보면 어떨까. 여자가 울면서 "다 필요

없어, 가버려!"라고 말했다. 그 말을 들은 남자는 정말 가버렸다. 그 이후로 두 사람 사이에서는 여러 가지 일들이 대략 우리가 상상할 수 있는 범위 안에서 벌어질 것이다. 어떻든 이 상황에서 정말로 가버린 남자는 어떤 경우였을까. 언어의 의미작용을 몰랐거나(순진해서), 묵살했거나(여자가 싫어서), 거꾸로 이용한(네가 가라고 해서 간 거니까 난 책임 없다) 경우 등이 있을 수 있겠다.

일반적으로 언어는 생각을 담거나 사물을 가리키기 위해 사용되는 투명한 매체나 도구쯤으로 간주된다. 그러나 과연 그런가. '말 한마디로 천냥 빚을 갚는다'거나 '혀 밑에 도끼 들었다'는 속담들은 언어가 얼마나 다루기 힘든 도구인지를 상징한다. 또 일상생활 속에서 우리는 말하기의 어려움을 실감할 때가 많다. 내 진심은 여기 이렇게 뜨거운데, 그 마음을 전할 사람 앞에만 서면 왜 나의 혀는 내 마음을 배반하고 마는 것일까. 그런 장면이 지나가고 나면 우리는 차라리 침묵이 훨씬 더 나은 언어라는 생각을 하곤 한다. 그래서 잠시 고막을 진동시키는 공기의 파동 속에 있다 사라지는 말보다 글이 좀더 믿음직하다는 생각을 하기도 한다. 어느 정도는 그렇지만 그러나 글도 그 진심을 해독하기 어렵다는 점에서는 말 못지 않다. 쉼표 하나로 의미가 정반대가 되기도 하는 것이 글이다.

언어는 소리와 뜻이라는 두 가지 요소의 결합으로 만들어진다. 이것은 너무나 당연한 말처럼 보이지만 이치를 따져보면 그렇게 간단한 것만은 아니다. 어떤 단어를 떠올리면 그 단어가 가리키는 대상이 자연스럽게 뒤따라 나온다. 이를테면 '나무'라는 소리가 있다. 한국어를 아는 사람들에게 이 '나무'라는 소리는 어떤 영상이나 관념을 만들어낸다. 그럴 때, '나무'라는 발음은 단어가 지닌 소리의 측면이고 우리에게 떠오른 영상은 뜻의 측면이다. 이 둘이 결합하여 단어(말, 언어)가 만들어진다. 이때 소리의 측면을 일컬어 기표라 하고, 뜻의 측면을 일컬어 기의라 한다. 프랑스어 발음을 따라 그냥 시니피앙과 시니피에로 부르기도 한다. 여기에서 조심해야 할 것은 기의가 실제 대상을 뜻하는 것이 아니라는 점이다. 기표와 기의는 모두 언어(즉, 기호)의 두 가지 측면이다. 이 둘의 결합으로 말이 만들어지고 그 말이 가리키는 대상은 이 둘의 결합체 바깥에 존재하고 있는 것이다.

　의미작용에서 문제가 되는 의미는 언어 바깥에 있는 실제 대상이 아니라 언어의 일부인 기의를 뜻한다. 나무라는 말이 있다고 해보자. 그 말이 가리키는 대상으로서의 실제 나무는 지구상에 무수히 많다. 그런데 기의로서의 나무는, 나무라는 말을 듣는 순간 우리 머릿속에 떠오르는 이미지이자 관념을 뜻한다. 그것이 나무의 의미(기의)이다. 따라서 그 의미는 누가 어떤 상황에서 쓰는지에 따라 달라질 수밖에 없다. "그는 나무 같은 사람이다"라는 문장이 있을 때 나무는 어떤 뜻일까. 언제나 변함없고 믿음직한 존재라는 좋은 뜻(상록수, 교목, 거목 등)에서부터 뻣뻣하고 거칠며 유연하지 못하다는 나쁜 뜻(장작개비, 톱도 안 먹는 단단한 목재 등)까지 폭넓은 의미의 스펙트럼이 생긴다. 그 문장을 쓰고 있는 사람이 누구인지에 따라, 또 뒤에 어떤 문장이 뒤따라 나오는지에 따라 그 뜻은 천양지판으로 달라질 수 있다. 또 "나는 물고기를 너무너무 사랑해"라는 문장의 예를 들어보자. 연못 속의 비단잉어들을 바라보며 어린 소녀가 하는 말일 수도, 회를 좋아하는 먹성 좋은 어른이 횟집 수조에 담긴 감성돔을 바라보며 하는 말일 수도 있다. 이 두 경우 사랑이라는 말의 의미는 물고기의 입장에서 보자면 정반대가 된다.

이처럼 말의 의미, 즉 기의는 뒤에 어떤 말이 따라 나오는지에 따라 소급적으로 규정된다. 말의 의미는 고정되어 있는 것이 아니라 다른 기표들과의 만남과 흐름 속에서 새롭게 규정된다. 앞의 예에서, 횟집에 들어가며 물고기를 사랑한다고 말한 사람이 쓴 사랑이라는 말은 당연히 아이러니적 거리를 지니고 있다. 그런데 그걸로 끝이 아닐 수도 있다. 이를테면 그 뒤에, "내가 사랑하는 것은 물고기의 생살의 맛 같은 것이 아니다. 진정한 사랑은 사랑하는 대상의 생살을 씹어 내 몸 안에 저장하는 순간 완성된다는 것을 너희는 아느냐? 사랑하는 존재의 생살을 씹을 때의 고통과 또한 그 쾌감을 너희는 아느냐?"라는 문장이 이어지면 어떨까. 이 경우 사랑이라는 말은 두번째의 의미로부터도 분리되어 또다른 의미를 지니게 된다. 사랑이라는 말의 의미는 처음의 단순한 사랑에서, 회를 좋아하는 남자의 아이러니적 사랑으로, 그리고 다시 엽기적이고 기이해서 오히려 진짜 같은 사랑으로 변해가는 중이다. 물론 아직도 끝은 아니다. 우리가 어떤 문장을 그 뒤에 이어붙이는지에 따라 사랑이라는 말의 의미는 또 변할 수 있다.

이처럼 문장이 이어지면 앞에 나왔던 말들은 들썩거리며 새로운 의미로 변해간다. 문장의 진행 방향과 반대로, 즉 소급적으로, 기의의 화살들이 기표를 향해 날아간다. 그것이 우리가 쓰고 있는 말이 의미를 지니게 되는 과정이다. 두 사람이 앉아 있었다. 한 사람이 말했다. "자, 이제 일어설까?" 그것이 어떤 의미인지는 나중에야 분명해진다. 집에 가자는 것인지, 하던 말을 그만하자는 것인지, 아니면 장소를 옮겨 제대로 그 이야기를 해보자는 것인지 등등. 기표는 불변의 것으로 남아 있지만(나무라는 발음은 언제나 그대로이다) 그러나 그것의 의미인 기의는 기표들의 흐름 속에서 거듭거듭 변해간다.

어떤 말의 의미는 시간이 오래 흐른 뒤에 비로소 깨닫게 되는 경우도 없지 않다. 말뜻을 제대로 이해하지 못했던 자신에 대해 뼈아픈 탄식을 하기도 한다. 의미작용이라는 말은 우리가 사용하는 언어의 이와 같은 속성을 함축하고 있다.

정신분석학자 라캉은 언어학자 소쉬르의 틀을 토대로 언어의 의미작용이 보여주는 이런 모습을 강조했다. 그에 따르면, 언어는 사물을 지시하는 것이 아니라 또다른 의미작용을 만들어낼 뿐이라는 것이다. 그는 그것을 기의가 기표 밑으로 끝없이 미끄러져 들어간다고 표현했다.

고정점point de capiton, 꿈-작업dream-work

의미작용을 통해 의미가 만들어진다는 것은 기표와 기의가 결합되었다는 것을 뜻한다. 물론 그것은 일시적이고 잠정적인 것이다.

문장이 진행되면서 기표는 새로운 기의를 만나게 될 것이다. 그러나 비록 일시적인 것이라 하더라도, 그처럼 기표와 기의가 고정되지 않으면 의미의 생성이 불가능하고 언어를 통한 소통도 불가능하다. 기의란 말의 뜻이지만, 말을 사용하는 주체의 입장에서 보자면 그것은 어떤 특정한 기표를 뽑아든 주체의 의도이기도 하다. 기의란 주체가 어떤 특정한 기표를 뽑아드는 그 순간 자기 자신에게 비로소 의식되는 것이다. 언어를 사용하는 주체 속에서 특정한 기표와 기의가 결합되는 이런 순간을, 라캉은 공간적 표현을 써서 고정점(혹은 누빔점이라고 번역되기도 한다)이라 부른다.

기표와 기의를 결합시킴으로써 의미작용을 가능케 하는 고정점은 동시에 무의식이 생겨나는 지점이기도 하다. 기표와 기의의 결합은 그것이 제대로 된 것이라는 순간적인 착각 속에서 이루어진다. 주체가 어떤 기표를 선택한다는 것은 자기가 속해 있는 언어체계에 의해 자기 생각이 번역되었다는 것을 뜻한다. 그것은 의식이 만들어지는 과정이기도 하다. 예를 들자면, 몸에서 어떤 흐름이 생겨났는데 마음은 그것을 '배가 고프다'는 말로 번역했다. 즉 기표를 만나 번역이 되는 순간 그것은 의식이 된다. 하지만 그런 기표들이 주체의 원초적 의도를 제대로 충족시킬 수 없다는 것, 주체의 의도가 기표의 질서에 의해 완전하게 의미화되지 못한다는 것, 그것이 문제이다. 합당한 기표를 만나지 못한 원초적 의도들이 무의식의 재료가 된다. 배가 고파서 뭔가를 먹었고 그래서 배는 부른데도 여전히 속이 헛헛하고 공허감이 느껴진다면 그것이 곧 충족되지 않은 의도로서의 무의식에 해당될 것이다. 한 사람의 몸과 마음의 움직임을 의식은 배고픔이라는 언어를 통해 번역했지만, 그 언어에 포획되지 않은 무언가가 남겨진 것이다. 곧, 의식의 언어가 잡아내지 못하는 것이 무의식이다. 그러므로 무의식은 언어가 있는 곳에서만 존재할 수 있다. 무의식이란 자신의 기표를 찾아 헤매는 길 잃은 기의들, 통로를 찾지 못한 원초적 의도들에 의해 생겨난다고 해도 좋겠다.

라캉은 무의식에 관한 프로이트의 작업에서 가장 현저하고 중요한 것이 언어의 문제, 특히 다양하게 겹쳐지고 바뀌는 어휘들의 문제였다는 점을 지적한다. 그는 프로이트의 모든 발견이 문자의 발견에 의존하고 있다고 했는데, 여기에서 문자란 기표를 뜻한다.

무의식과 언어의 관계를 가장 잘 보여주는 것은 『꿈의 해석』에서 프로이트가 언급했던 꿈-작업이라는 기제의 경우이다. 꿈을 꾼 사람이 자기 꿈 이야기를 할 때 겉으로 드러난 이야기가 꿈-내용dream-content(겉으로 드러난 것이라는 뜻에서 외현몽이라 부르기도 한다)이다. 그런데 그 내용은 자기가 꾼 꿈을 떠올리거나 그 이야기를 누군가에게 할 때 조금씩 달라지고, 깊이 생각해보면 새로운 내용이 가물가물 떠오르기도 한다. 이런 경험을 통해 우리는 꿈-내용의 바탕에는 다양한 꿈-내용을 만들어주는 몸체로서 어떤 잠재적인 것이 놓여 있음을 알게 된다. 프로이트는 이러한 꿈의 몸체를 꿈-사고dream-thought(잘 드러나지 않은 채 밑에 놓여 있다는 뜻에서 잠재몽이라 부르기도 한다)라 불렀다. 그러니까 프로이트에 따르면,

꿈은 크게 외현적인 꿈-내용과 잠재적인 꿈-사고로 구별되는데 여기에서 오해해서는 안 될 것이 있다. 잠재적인 것으로서의 꿈-사고(잠재몽)는 무의식이고 외현적인 꿈-내용은 의식이라는 식으로 구분하는 것이 그것이다. 그렇다면 무의식은 어디에 있는가.

꿈을 만드는 마음의 활동은 크게 두 가지로 구분된다. 꿈-사고를 만들어내는 일과 그것을 꿈-내용으로 변환하는 일이다. 꿈을 만드는 힘으로서의 무의식은 이 두 활동 속에 존재하고 있다. 그런데 잠재적인 것으로서의 꿈-사고는 꿈-내용을 통해서만 접근이 가능하기 때문에, 여기에서 핵심적인 것은 꿈-사고를 꿈-내용으로 변환시키는 꿈 고유의 작업이다. 프로이트는 바로 그 기능, 잠재적인 것과 외현적인 것 사이에서 꿈을 만들어내는 핵심적인 힘을 꿈-작업이라 불렀다. 무의식이 어디 있느냐고 묻는다면 바로 꿈-작업을 하는 손의 주인공을 가리켜야 할 것이다.

프로이트는 꿈-작업의 구체적인 기제로서 네 가지 주요한 요소를 들었다. 압축, 치환, 재현 가능성에 대한 고려, 이차 수정 등이다. 1) 압축(응축으로 번역되기도 한다)은 잠재적 꿈-사고가 외현적 꿈-내용으로 전환되는 데 가장 기본적으로 기능하는 기제이다. 꿈 속에서 압축 작업이 진행되고 있다는 것은 꿈-내용과 꿈-사고를 비교해보면 단박에 드러난다. 외현적 꿈-내용은 짧고 간결하지만 잠재적 꿈-사고는 훨씬 풍부하다. 몇 줄 안 되는 꿈-내용은 그에 대한 분석을 통해 그보다 열 배가 되는 꿈-사고로 부풀기도 한다. 2) 치환(전위나 전이로 번역되기도 한다)은 자기 검열로 인해 꿈속에 등장하는 인물이나 이야기 등이 다른 것으로 뒤바뀌거나 변형되는 것을 뜻한다. 꿈속에서 어떤 사람과 손을 잡고 걷고 있었는데 잠시 후 손을 잡고 있던 사람이 다른 사람으로 바뀌는 경우와 같은 예는 매우 풍부하게 드러난다. 3)꿈-사고가 자신을 드러내는 과정에서 모호하거나 불분명한 것들을 제거하고 스스로를 표현 가능한 것으로 바꾸는 것을 재현 가능성에 대한 고려라고 한다. 4)꿈에 대한 마음의 검열은 끝까지 진행된다. 마음이 재현 가능성에 대한 고려를 통해 일차적으로 해석한 꿈-내용은 다시 한번 합리적인 형태로 가공된다. 그것을 이차 수정이라고 한다.

프로이트는 꿈-작업의 기제들 중에서도 특히 압축과 치환을 강조하여, 이 둘이야말로 꿈을 만들어내는 두 명의 공장장이라고 불렀다. 프로이트에 따르면 꿈은 마음이 자기의 소망을 충족시키는 장이다. 거꾸로 말하면 꿈을 읽으면 마음이 원하는 것이 무엇인지를 알게 된다. 하지만 마음은 다양한 자기 검열의 체계를 가지고 있어 자기가 진실로 원하는 바를 스스로에게도 정직하게 드러내지 못한다. 그래서 꿈은 다양한 방식으로 일그러지고 뒤틀려 있다. 꿈-작업의 기제들은 꿈의 그러한 왜곡 작업을 수행하는 기술이기도 하다.

라캉은 꿈-작업의 기제에 대한 프로이트의 분석과 일반언어학의 통찰을 겹쳐놓았다. 프로이트의 압축이라는 기제는 기표들을 포개는 것이어서 유사성을 원리로 삼는 은유와도 같다. 또한 치환은 기표들을 사슬처럼 이어주며 자리를 바꾸게 하는 것으로서 인접성을 원리로 삼는 환유와도 같다. 압축과 치환은 꿈-작업의 핵심적 기제이고 은유와 환유는 언어를 만들어내는 가장 중요한 두 요소이다. 은유는 기표를 골라내고 환유는 기표를 배열하는 작업과 일치한다. 우리가 지니고 있는 어휘 사전 속에서 단어를 선택(은유)하고, 그 단어들을 문법에 맞게 결합(환유)시키는 것이 곧 그것이다. "무의식은 언어처럼 구조화되어 있다"는 라캉의 말은, 프로이트가 말한 꿈-작업의 기제와 소쉬르가 말한 일반언어학의 틀이 이렇게 일치하고 있는 것을 전제한 것이었다. 무의식과 언어의 구조적 상동성이 존재하고 있음을 꿈-작업의 기제들 속에서 확인할 수 있다.

발화수반행위illocutionary act

우리가 일상적으로 쓰는 말들은 그 자체가 하나의 행위이다. 그런데 말을 하는 행위에 수반되는 행위도 있다. 이를테면 명령이나 지시 질문 선언 약속 축복 등이 그런 것이다. 언어행위이론speech act theory을 연구했던 오스틴J. L. Austin, 1911~1960은 이처럼, 말을 하는 것 자체를 발화행위locutionary act라 하고 말에 수반되는 행위를 발화수반행위라 했다. 또 발화효과행위perlocutionary act라는 말도 썼는데, 이는 명시적인 수행문이 아닌데도 그 말이 듣는 사람에게 어떤 효과를 가져왔을 때를 지칭하는 말이다.

여기에서 수행문performative sentence이란 진술문constative sentence과 구분되는 말이다. 진술문은 "머리가 아프다"나 "하늘이 맑다"와 같은 문장들에 해당된다. 대상의 어떤 상태를 기술하는 것이다. 이에 비해 수행문은 "죽을 때까지 사랑할 거야"나 "그게 무슨 말이지?"와 같이 약속이나 질문 등의 행위를 수행하고 있는 문장이다. 그런데 여기에서 문제는 우리들의 언어행위 속에 과연 순수한 진술이 존재하는지의 여부이다. 예를 들어, "나 지금 너한테 경고한다"라는 말은 경고 행위를 하는 수행문이다. 그러나 "나 지금 너한테 경고하고 있는 중이야"라는 말은 자기 자신의 상태를 기술하고 있다는 점에서 진술문에 해당한다. 그럼에도 이 두 문장은 전달하고자 하는 메시지가 크게 차이 나지 않으며, 여기에서 수행문과 진술문을 구분하는 것은 큰 의미가 없다. 현재형으로 발화된 경고가 명시적 수행문이라면, 진행형으로 기술된 것은 겉으로는 진술의 형식이지만 역시 마찬가지로 경고 행위를 하고 있는 암시적 수행문이다. "사랑해, 너를"이라는 말은 고백이라는 행위이고, "너를 사랑하는 것 같아"라는 진술은 고백이 아니라고 할 수는 없는 것과 같은 이치이다.

이런 이유로 오스틴은 뭔가 행동을 하는 수행문과 진리치를 갖는 진술문을 구분할 수 없다는 결론에 도달하고, 결국 말을 한다는 것은 그 자체가 행위이면서 거기에 수반되는 또 하나의 행위를 하고 있다고 생각했다. 발화수반행위라는 말은 바로 그것을 지칭한다. 말을 한다는 것, 곧 발화utterance 행위는 발화수반행위와 발화효과행위를 내포하고 있다고 오스틴은 생각했다.

일요일 아침, 창밖을 보던 아내의 입에서 나온 "아, 하늘이 맑다"

라는 말은 그 자체로 발화행위이다. 그 발화행위 속의 문장은 비록 진술문의 형태를 지니고 있지만, 그 말을 듣는 남편에게는 외출에 대한 권유나 은근한 압박, 혹은 움직이지 않을 경우 보복이 가해질 것이라는 경고나 협박, 명령 등의 다양한 발화수반적 힘illocutionary force을 지닌 문장이다. 아내의 말을 듣고 남편이 허겁지겁 외출 준비를 한다면 그 문장은 발화효과적 힘을 충분히 발휘한 셈이다. 그런 말을 듣고서도 움직일 준비를 하지 않는 무모하거나 용기 있는 남편이 있을 수도 있다. 그의 마음속에서 시시각각 짙어지고 있는 불안의 그림자도 또한 발화효과적 힘이다.

CHAPTER 6

무의식적인 것으로서의
이데올로기

선험적 가상으로서의 물신주의적 오인fetishistic misrecognition

우리가 살고 있는 자본주의 사회에서 돈은 특별한 의미를 지니고 있다. 살다보면 더러는 쓰지 않는 값비싼 물건을 버리기도 하지만 돈은 다르다. 아무리 작은 돈이라도 돈을 버리기는 힘들다. 다른 물건은 쓰면 중고가 되고 자연스럽게 값이 떨어지지만 돈은 그렇지 않다. 아무리 낡은 돈이라도 돈은 여전히 표면에 새겨져 있는 가치를 지닌다. 그저 금속조각이나 작은 종이에 불과한 것인데도 돈은 특별한 물건처럼 느껴진다. 그래서 돈을 버리는 것은 흡사 죄를 짓는 것 같은 느낌을 준다.

하지만 따지고 보면 돈이란 교환의 편리를 위해 한 사회가 만들어낸 약속의 산물일 뿐이다. 한 사람이 무인도에 표류했다 치자. 물건을 살 곳도 은행도 없다. 그러면 만원짜리가 아니라 백만원짜리 수표라 하더라도 그것은 그저 종잇조각에 불과하다. 여기에서 백만원짜리 수표는 그저 그 크기만큼 종잇조각의 가치를 지닐 뿐이다. 불쏘시개를 하거나, 메모지 또는 화장실 휴지로 쓰거나. 이처럼 한 개인의 상황이나 취향에 따라 사물이 지닐 수 있는 특수하고 다양한 쓰임새를 그 물건의 사용가치라고 한다. 똑같은 물건이라도 사람에 따라 사용가치는 천양지차일 수 있다. 백만원짜리 수표의 사용가치는 무엇인가? 대답은 불쏘시개, 휴지, 메모지, 편지지 등이다. 이에 비해 우리가 통상적으로 물건의 가치라고 하는 것은 사회적 교환을 통해 결정되는 것이며 이를 교환가치라고 한다(우리가 말하는 물건의 가치는 바로 이 교환가치를 뜻한다). 그리고 그 돈은 그 교환을 위해 사회적으로 확립된 수단인 셈이다.

그런데도 돈이 우리에게 특별한 의미를 지닌 것으로 다가오는 것은 무엇 때문인가. 청소하다가 나온 백원짜리 동전 하나도 쉽게 버릴 수 없는 것은 누구라도 마찬가지다. 경영자의 마인드를 가진 사람이라면 이렇게 말할 것이다. 백원짜리 동전을 버리는 일은 단지 작은 금속조각 하나를 버리는 것이 아니라 백원이 지닌 가능성을 버리는 것이라고. 백원의 가능성? 이를테면 동전 두 개를 모아 자판기 커피를 뽑아서 아빠에게 드렸더니 기특한 딸이라고 특별 용돈 만원을 받았다. 그 돈으로 어찌어찌하여 십만원을 만들고, 또 그 돈으로 어찌어찌 투자를 잘하여 백만원을 만들고, 또 어찌어찌하여 스무 살이 되기 전에 천만원의 종잣돈을 만들었다는 식의 이야기이다. 그러니 이 이야기 속에서 백원짜리 동전 하나는 단지 금속조각 하나가 아니라 수억원이 될 수 있는 가능성을 지닌 마술적이고 신비한 존재인 것이다. 그러니 그런 존재를 어떻게 함부로 버릴 수 있겠는가. 그것은 자신의 미래와 동의어가 될 수도 있는 셈이다.

하지만 이것은 어디까지나 돈이 지니고 있는 마력적인 외관일 뿐이다. 이를테면 못 쓰게 된 다리미, 그래도 고물상에 가져가면 백원은 받을 수 있는 다리미가 있다 치자. 이것은 어떤가. 물론 백원의 가능성이라는 점에서는 이 다리미도 마찬가지지만 그러나 고장 난 다리미와 백원짜리 동전이 지니고 있는 느낌이나 외관은 매우 다르다. 고물은 고물이고 돈은 아! 돈인 것이다. 따지고 보면 하나도 다를 게 없는데도, 돈은 그와 같은 정도의 가치를 지니고 있는 물건과는 매우 다른 느낌으로 다가오는 것이다.

바로 이런 느낌으로 돈을 대하는 사람들의 태도에 대해 마르크스는 물신주의fetishism라는 말을 썼다. 물신주의라는 말은 당초 원시적인 종교에서 바위나 강이나 산 같은, 마음이 없는 대상을 마치 마음이 있는 대상인 양 숭배하는 행위를 가리키는 말이었다. 마르크스가 보기에 자본주의 사회에서의 돈은 바로 이러한 자리를 차지하고 있다. 무인도에 가면 종잇조각이나 금속조각에 불과한 것인데, 사회 속에 들어오면 성스러운 것이 된다. 그러므로 돈을 성스럽게 만드는 힘이 무엇인지는 자명하다. 사람들의 관계로 이루어지는 사회라는 실체가 곧 그것이다. 이를테면 왕과 신하의 관계가 있다. 왕이 왕인 것은 신하들이 그를 왕으로 인정하고 군신의 관계를 맺고 있기 때문이다. 그러나 신하들은 거꾸로 왕이 있기 때문에 자기들이 신하라고 생각한다. 여기에서 왕의 지위를 만들어주는 것은 왕과 신하가 맺고 있는 사회적 네트워크의 효과이다. 그러나 그 관계 속에 들어가 있는 사람들에게는 그것이 거꾸로 보인다. 왕이 있어 나라가 있고 신하도 있는 것처럼 보이는 것이다. 돈의 경우도 마찬가지다. 돈은 사회 구성원의 네트워크 속에서 그것이 돈으로 인정받고 있기 때문에 돈이다. 하지만 우리가 돈을 볼 때는 그 사실은 보이지 않고 돈은 단지 돈이기 때문에 숭고한 것으로 보인다. 이런 착각을 물신주의적 오인이라고 한다. 즉 어떤 대상이 지니고 있는 반영적 규정reflexive determination을 자연적 속성natural attribute으로 착각하는 것을 뜻한다.

그런데 왜 여기에서 오인이라는 말을 썼는가. 오인이라는 말은 상상계의 정신적 메커니즘을 지칭하면서 정신분석학자 라캉이 썼던 말이다(4장 참고). 이것은 일종의 말장난처럼 만들어진 말이기도 하다. 프랑스어로 오인은 méconnaissance라고 쓴다. 라캉은 이 말을, '나를'을 뜻하는 me와 인식이나 의식을 뜻하는 connaissance로 분리시킨다. 즉 두 마디가 따로 떨어져 있으면 자기의식이고 하나로 합해져 있으면 오인인 셈이다. 이런 조작을 통해 라캉은 자기의식을 뜻하는 므-코네상스me-connaissance는 결국 착각이나 오인에 불과한 것, 곧 메코네상스méconnaissance에 불과한 것이라고 말하고 있다. 여기에서 자기의식self-consciousness, Selbstbewußtsein이란 헤겔 철학에서 맹활약했던 유서 깊은 용어이다.

세상을 보는 단순한 의식이 자기 자신의 존재를 의식하고 바야흐로 이성의 세계로 나아가는 길목에 놓여 있는, 말하자면 아이가 어른이 되는 계기에 해당하는 개념이 헤겔의 자기의식이다. 라캉은 그런 뜻을 지닌 자기의식이라는 말을 프랑스어 특유의 말놀이를 통해 오인이라는 말과 연결시켰다. 자기를 아는 것이란 곧 착각에 불과한 것, 자기를 잘못 아는 것에 불과하다는 뜻을 강조하기 위해서였다.

라캉의 이런 조작이 단순한 말장난이 아닌 까닭은, 그런 오인의 구조가 상상계에서 상징계로 접어드는 단계, 곧 자기가 누구인지도 모르던 아이가 말을 배우고 그래서 자기가 누구인지를 알게 되는 단계, 즉 자기 정체성을 확립하는 단계(이 단계가 시작하는 지점을 라캉은 거울단계라고 부른다)의 핵심적인 기제이기 때문이다. 이런 착각의 효과는 말을 배우고 난 다음 단계인 상징계로 접어들면서도 여전히 유지된다. 사람들은 자기가 누구인지를 잘 알고 있다고 생각한다. 거울을 보면서, 혹은 다른 사람들의 반응 속에서 자기 모습을 확인하면서. 하지만 그것이 착각에 불과한 것이며 자기가 정말 어떤 존재인지는 영영 알 수 없다는 생각이 '오인'이라는 말 속에 내재해 있다.

따져보면 그럴 수밖에 없다. 내가 나라고 생각하는 존재란 현재의 내 의식 속에 떠올라 있는 어떤 것에 불과한 것이기 때문이다. 그래서 우리는 가끔씩 내가 전혀 몰랐던 나의 모습을 발견하고 깜짝깜짝 놀라기도 한다. 술에 취해 제정신이 아닌 상태에서 혹은 꿈속에서. 어떤 것이, 어디까지가 진짜 나인지는 확정하여 말할 수가 없다. 그럼에도 우리는 내가 나라고 생각하는 나를 그냥 나라고 생각하며 산다. 그렇게 행동하고 사고한다. 그렇지 않으면 어떤 행동도 불가능해지기 때문이다. 말하자면 '오인'의 구조는 한 공동체의 언어와 관습을 배우고 그 집단의 일원으로 사는 데 불가피한 셈이다.

이처럼 우리 인식의 구조에 토대해 있는 불가피한 착각을 『순수이성비판』에서 칸트는 선험적 가상이라고 불렀다. 가상^{Schein}이라는 말은 진짜가 아닌 가짜라는 말이고, 선험적^{transcendental}(이 말은 번역자에 따라 초월적, 초월론적이라고 불리기도 한다)이라는 말은 우리 경험에 국한되는 것이 아니라 선천적으로 우리 경험의 기저를 이루고 있다는 뜻이다. 칸트는 이 말을 경험적 가상 및 논리적 가상과 짝이 되는 개념으로 썼다.

경험적 가상이란 일상생활에서 우리가 경험하곤 하는 순간적인 착시와 같은 것들이고, 논리적 가상은 잘못된 추론을 통해 도달한 잘못된 결론 같은 것이다. '아킬레스와 거북이 이야기' 같은 논리적 궤변이 그런 것이다. 이 둘은 어렵지 않게 제거될 수 있다. 경험적 가상은 대상을 제대로 다시 한번 들여다봄으로써, 또 논리적 가상은 잘못된 추론 과정을 밝힘으로써 해소될 수 있는 것이다.

그러나 선험적 가상은 인간의 감각과 인식의 구조 속에서 불가피하게 발생하는 환상이다. 칸트는 달이 지평선에서 솟아오를 때가 하늘 복판에 떠 있을 때보다 더 커보이는 것 등의 예를 들었다.

물이 차 있는 유리잔 속의 젓가락처럼 몇 번을 다시 보아도 구부러져 보이는 것(가상)이 선험적 가상이다. 말하자면 선험적 가상은 한 개인의 노력으로는 극복될 수 없는, 인간이 지니고 있는 감각기관의 구조로 인해 불가피하게 받아들일 수밖에 없는 구조적 착오라는 뜻이다.

라캉이 사용하는 '오인'이라는 말도 칸트의 선험적 가상과 정확하게 같은 차원에 있다. 마르크스가 사용했던 물신주의도 마찬가지다. 물론 세 사람이 그런 개념을 사용하게 된 맥락은 각각 다르다. 칸트는 순수이성이라는 인간의 인식을 문제삼았고, 라캉에게 중요했던 것은 사람의 마음이 지니고 있는 근본 구조였으며, 마르크스는 자본주의 사회에서 화폐와 상품이 지니고 있는 효과가 관심의 대상이었다. 그래서 사회구조의 차원에 존재하는 물신주의라는 말은 인간의 정신구조의 차원에 존재하는 '오인'이라는 말과 논리적으로 유착할 수 있다. 화폐(상품) 물신주의도, 자기 자신에 대한 '오인'도 근본적인 착각에 불과한 것이다. 그럼에도 일상적인 삶속에서 우리는 그런 '오인'의 구조가 당연한 것인 양 사고하고 행동한다. 내가 나를 잘 알고 있는 것처럼, 돈은 돈이기 때문에 소중한 것처럼. 그런 한에서 '오인'의 구조는 우리 삶에 필연적이고, 그런 필연성을 우리는 무의식적인 것이라고 부른다. 그것이 물신주의적 '오인'의 의미이다.

이데올로기적 전도ideological inversion의 효과

이데올로기는 보통 이념이나 주의라는 말로 번역되며 또는 독일식 발음 그대로 이데올로기라고 쓰이기도 한다. 어감은 조금 달라서, 이념이나 주의라는 말은 중립적인 느낌을 지니고 있고 이데올로기는 조금 안 좋은 느낌, 특정 집단이 억지로 만들어낸 생각의 체계 같은 느낌을 주기도 한다. 이데올로기는 매우 폭넓게 쓰이는 말이기 때문에 그 뜻도 인간과 세계에 대해 한 집단이나 개인이 지니고 있는 체계화된 생각들이라는 식으로 매우 포괄적으로만 정의될 수 있겠다. 여기에서 중요한 것은 그냥 생각들이 아니라 옳건 그르건 간에 나름의 체계를 지니고 있는 생각들이어야 한다는 것이다. '주의' 자가 붙은 다양한 말들, 자본주의, 공산주의, 사회주의, 복지주의, 무정부주의 등등은 모두 이데올로기적인 형태들이다. 그리고 이런 주의 주장 들은 대개 한 개인만이 아니라 생각을 같이하는 사람들의 집단에 의해 만들어진 것이어서 이데올로기는 집단적인 생각의 형태를 지니는 것이 일반적이다. 하지만 한 개인만이 지니고 있는 이데올로기도 불가능한 것은 아니다. 이를테면 점심으로 굳이 자장면을 먹어야겠다는 친구에게 우리는 이렇게 물을 수도 있다. 짬뽕보다 자장면이 좋다고 하는 너의 이데올로기는 뭐냐? 요컨대 체계화된 생각이라면 어떤 것도 이데올로기일 수 있다는 것이다.

이데올로기라는 말이 지니고 있는 안 좋은 어감은 특히 사람들의 평화와 행복에 커다란 해악을 끼쳤거나 끼치고 있는 집단적인 생각들, 이를테면 파시즘이나 전체주의, 반유대주의, 인종주의 등과 결합되는 경우가 많기 때문이다. 이 경우 이데올로기란 단지 집단적인 생각의 체계라는 뜻에 국한되지 않고 좀더 나아가 한 집단을 사로잡고 있는 잘못된 생각들, 편견과 선입견과 오류의 체계들과 같은 의미로 사용된다. 이 경우 이데올로기는 집단적인 편견을 만들어내는 어떤 효과로 작동하게 된다. 한 대상이 지니고 있는 다양한 측면들을 제거하여 단순하고 일면적인 것으로, 그 속성을 자명한 것으로 받아들이게 될 때 그것은 이데올로기적인 효과 속에 사로잡혀 있는 셈이다.

슬로베니아의 정신분석학자 지젝은 이러한 이데올로기의 작동 방식을 이데올로기적 전도의 효과라는 말로 설명했다. 여기에서 전도란 우선 순위나 앞뒤가 뒤바뀌는 것을 뜻하며 그 순간 이데올로기적인 효과가 발생한다는 것이다.

예를 들어보자. 분단 이후 우리 사회를 사로잡고 있는 반공주의 이데올로기가 있다. 여기에서 공산주의자는 빨갱이라는 비칭으로 불렸다. 정상적인 사람이라면 공산주의에 대해 이렇게 접근할 것이다. '공산주의란 뭐지? 사유재산을 부정하고 소유의 공동성을 실현하자는 것이군. 그렇다면, 이런 점에서 공산주의는 문제가 있고, 또 이런 점은 사줄 만한 것이군.' 그러나 반공주의 이데올로기 속에서 공산주의 혹은 빨갱이는 이미 근본적인 악으로 규정되어 있다. 그래서 '빨갱이란 누구(무엇)인가'가 정상적인 질문이라면 '누가 빨갱이인가'는 이데올로기적 질문이다. 첫번째 질문에서 빨갱이는 아직 정체가 분명하지 않아 다양한 잠재성을 지니고 있는 대상이다. 이에 비해 두번째 질문에서 빨갱이는 그 뜻을 물을 것도 없이 이미 자명한 악으로 등장하고 있다. 하나의 질문이 앞뒤가 바뀌어 이데올로기적인 것이 되면 곧바로 마녀사냥이 뒤이어진다.

'누가 빨갱인가'라는 이데올로기적인 질문은 '누가 나쁜 놈인가'라는 질문과 정확하게 같은 차원에 있는 것이다. 이런 질문에 대해, 나는 이런저런 이유로 빨갱이(나쁜 놈)가 아니라고 항변해도 소용이 없다. 이데올로기적인 대답은 이렇게 나올 것이다. '너는 좋은 빨갱이다.' 즉, 진짜 나쁜 빨갱이, 나쁜 빨갱이, 조금 나쁜 빨갱이, 보통 빨갱이, 어쩔 수 없어서 빨갱이가 된 좋은 빨갱이까지 수많은 빨갱이들의 종류만이 존재할 뿐, 빨갱이가 무엇인지에 대한 질문은 제기될 여지가 없어지는 것이다. 빨갱이라는 말의 자리에 다른 이데올로기적인 규정들, 예를 들어 검둥이, 조센징, 쪽발이, 매국노, 유대인, 중국놈, 주사파, 전교조, 유색인종, 아시아놈, 회교도, 아랍놈, 비게르만족 등등 어떤 말이 들어가도 사정은 마찬가지다. 이처럼 의심의 여지 없이 근본적인 악으로 규정된 대상을 낳는 것을 이데올로기적 효과라 한다. 그것은 지젝의 지적처럼, 주어와 술어가 뒤바뀌는 전도의 효과에 의해 생겨나고 지탱된다. 그렇다면 이런 이데올로기적 질문에 대해 어떻게 대처할 것인가.

CHAPTER 7

이데올로기
격파술

이데올로기적 사고의 위력이 주어와 술어 사이의 전도 효과에 의해 발휘되는 것임은 앞에서 살펴본 바와 같다. 그렇다면 이데올로기적 질문에 대해 어떻게 대처할 것인가. 이제는 이데올로기 격파술에 대해 살펴보자.

이데올로기 비판의 세 차원

세상의 어떤 것도 고정불변인 것은 없다. 알게 모르게 조금씩 변하고 또 그런 만큼 세상의 어떤 것도 단순하기만 한 것은 없다. 이데올로기적 효과는 이처럼 다양성과 유동성을 지니고 있는 대상을 단순화시키고 고정시키는 일, 아직 분명하지 않은 것을 자명한 것으로 전제하는 일과 관련되어 있다. 이를테면 빨갱이라는 말을 들으면 자연스럽게 뿔 달린 도깨비 같은 게 떠오르는 것, 혹은 자판기에서 물건을 뽑기 위해 당연하다는 듯이 동전을 투입하는 행동 같은 것 등이 그 예이다. 빨갱이는 별나고 이상한 존재라는 생각, 물건을 사기 위해서는 반드시 돈이 필요하다는 생각 등이 거기에는 자명한 것으로 전제되어 있다. 이데올로기의 효과는 이처럼 무의식적인 행동과 사고의 경우에서 위력을 발휘한다. 그런데 그것이 왜 문제라는 것인가. 이데올로기가 문제시되는 것은 그것이 진짜 대상과의 만남을 가로막기 때문이고, 대상에 대한 근본적인 사고를 어렵게 만들기 때문이다. 이데올로기의 작용과 연관하여 그에 대한 비판은 다음 세 가지 차원에서 논의될 수 있다.

첫째, 이데올로기를 소수의 지배자들이 기획하는 대중 조작의 산물로 바라보는 시선이 있다. 여기에서는 교활한 지배자와 그들에 의해 기만당하는 바보 같은 대중이라는 틀이 기본항으로 자리 잡고 있다. 즉 소수의 지배자들이 자신의 지배를 합리화하기 위해 진실을 은폐하고 어떤 거짓된 생각을 대중들에게 주입한다는 발상이다. 이 차원에서 이데올로기 비판은 은폐된 진실에 대한 폭로와 계몽이 주조를 이룬다.

둘째는 이데올로기를 제도적 차원의 대중 관리로 보는 것. 이것은 지배자에 의한 대중 조작이라는 첫째 시선을 좀더 정교화한 것이다. 이런 논리에 의하면, 이데올로기는 단순히 어떤 사실을 은폐하거나 왜곡하기 위해 지배자에 의해 만들어진 것이 아니라, 이데올로기적 장치라는 좀더 큰 틀 속에서, 학교나 군대 같은 제도적 차원에서 자연스럽게 형성된 결과이다. 따라서 이데올로기 비판도 제도 자체가 지니고 있는 이데올로기적 속성을 지적하고 비판하는 것으로 이루어진다. 이를테면 국가주의 이데올로기는 어떻게 비판되어야 하는가. 그것이 소수의 정치적 지배자가 자기의 정치적 이익을 위해 고안해낸 것이라 해서는 곤란하다. 사람들을 주민등록제도 속에 포획하고 교육과정을 통해 국민으로서의 의식을 훈육함으로써 형성되는 것이라는 점을 적시하고 비판하는 것, 이것이 둘째 차원의 이데올로기 비판의 예이다.

이데올로기 비판의 두번째 시선은 첫번째 시선이 지니고 있던 음모론적인 소박함을 수정함으로써 이루어진 것이지만, 그럼에도 이 둘은 모두, 이데올로기의 형성이 대중 조작에 의해 이루어진다는 것을 강조하고 있다는 점에서는 동일한 차원에 있다. 이데올로기는 일종의 허위의식이고 그것을 넘어서야 참되고 진정한 의식에 도달할 수 있다는 생각, 그리고 이데올로기 비판은 허위의식을 넘어서기 위해 요구되는 의식에 대한 계몽을 자신의 주요 방법으로 삼는다는 생각 등이 그 바탕에 깔려 있다.

하지만 이데올로기적 효과 속에 들어가 있는 대중이 과연 단순한 조작의 대상이기만 한 것일까. 모든 이데올로기는 자기 자신을 향한 비판에 대해 저항력을 지니고 있어서, 폭로나 계몽이 통하지 않는 어떤 한계 지점을 만들어내곤 한다. 예를 들어 1980년 5월의 광주항쟁은 발생 당시부터 전두환 정부 시절 동안, 북에서 내려온 간첩과 불순분자의 소행으로 공식화되어 있었고 정부의 통제하에 있던 언론은 제대로 된 사실을 밝힐 수 없었다(혹은 밝히지 않을 수 있었다). 이 공식적 사실을 믿고 있는, 혹은 믿고 싶어하는 사람에게라면 광주에서 벌어진 일의 진상을 알리는 사진이나 외신 기사는 아무런 소용이 없다. 그것은 조작된 사진이라고 할 것이고 또 이런 사실을 알려주는 사람을 오히려 불순분자라고 할 것이기 때문이다.

이데올로기가 지니고 있는 이런 점에 주목함으로써 이데올로기 비판의 세번째 시선이 생겨난다. 여기에서 대중은 이데올로기적 효과를 창출하는 기만이나 조작의 단순한 대상이 아니다. 이데올로기가 대중을 향해 다가가는 것이 아니라 오히려 대중이 이데올로기를 끌어당긴다. 즉 여기에서 이데올로기는 대중들의 무의식적 욕망이 투영되어 있는 적극적인 환상인 것이다. 이 같은 이데올로기적 효과의 한가운데 있는 사람들에게 진실에 대한 폭로나 허위의식에 대한 계몽으로서의 이데올로기 비판은 먹혀들기 어렵다. 그들은 이미 믿고 싶은 것만을 믿고 있기 때문이다. 그렇다면 어떻게 대처해야 하는가. 반유대주의의 예를 들어보자.

반유대주의에서 나타나는 유대인의 형상은 다양한 측면의 반사회적 요소가 응축된 결과이다. 유대인은 정치적으로는 음모가들이고, 경제적으로는 탐욕스럽고, 종교적으로는 반기독교적이고, 도덕적으로는 음탕하고 등등. 그러니 유대인만 제거한다면 현재 사회의 모든 위험들이 사라지고 평화롭고 아름다운 세상이 올 것 같은 생각이 들게 한다. 그것이 환상에 불과한 것임은 물론이다. 유대인이 제거되고 나면 다른 어떤 존재들이 또 그 자리를 차지할 것이다. 그럼에도 반유대주의 이데올로기의 한복판에 있는 사람들에게는 그런 사실이 잘 보이지 않는다. 제거해야 할 사회악으로서의 유대인이 그들의 눈앞에 버티고 있는 까닭이다. 그래서 그런 사람들에게, 유대인은 당신이 생각하는 그런 존재가 아니라고 말해봐야 소용이 없다. 이런 경우 두 유형의 대답이 돌아오곤 한다. 그것은 당신이 유대인을 잘 몰라서 그런 소리를 한다는 적극적 대답이 그 하나이고, 다른 하나는, 나는 잘 모르지만 사람들이 유대인을 나쁘다고 하니 그럴 만한 이유가 있으리라는 소극적 대답이다.

그들이 묘사하는 사회악과 유대인은 아무런 상관이 없다는 것, 유대인의 형상은 그들의 이데올로기적 체제의 비일관성을 봉합하기 위해 징발된 수단이라는 것이 정답이겠지만, 그들을 설득하기 위해서는 그것을 밝히는 것으로는 부족하다. 방법이 있다면 오히려, 유대인이라는 사회악이 제거되면 좋은 세상이 될 거라 생각하는 그들 자신이 바로 사회악이라는 것, 그들의 혈관 속에 진짜 유대인의 피가 흐르고 있다는 것, 그들이 제거하고자 하는 유대인은 바로 그들 자신이라는 것, 나아가 그들이 만들어낸 사회악으로서의 유대인의 형상 속에는 오히려 그들의 무의식적 욕망이 투영되어 있다는 것, 즉 유대인을 제거해야 한다고 주장하는 그들이 진정으로 원하는 것은 그들 자신이 유대인이 되고자 하는 것임을 깨닫게 해주는 것이다. 그것을 깨닫게 하는 방법 역시 보통 수준이기는 어려울 것이다. 여기에서 한발 더 나아간다면, 사회악 없는 사회란 불가능한 것임을, 적대와 균열이 없는 사회란 환상이라는 사실을 알게 될 것이다. 이처럼 이데올로기적 효과 속에 존재하고 있는 주체의 무의식적

환상을 일깨워주는 것이 이데올로기 비판의 세번째 차원이다.

거짓된 보편화와 성급한 역사화

이데올로기란 흔히 은폐의 형식으로 간주되곤 한다. 진짜 대상과 그것을 가리고 있는 장막이라는 형식은 다양한 형태의 이데올로기 비판에서 흔히 만날 수 있는 구조이다. 문제는 이데올로기가 은폐하고 있는 것이 무엇인가 하는 점이다. 이 점에 관해서는 이데올로기 비판의 원조라 할 만한 주류 마르크스주의와 지젝이 개진한 라캉주의가 구별된다.

주류 마르크스주의가 기존의 이데올로기를 바라보는 기본 관점은 그것이 특정 계급의 이익을 위해 만들어졌다는 것이다. 이에 따르면, 자본주의 사회에서 자명한 것으로 간주되고 있는 것들은 결코 영속적이거나 보편적인 것이 아니라 단지 특정한 역사적 시기에만 타당한 특수한 것이다. 예를 들자면 가부장제나 일부일처제, 인간 생명의 절대적 가치, 예술의 순수성 같은 것들이 그러하다. 목숨보다 명예나 대의가 중요했던 시대가 있었으니 목숨이 언제나 가장 가치 있다는 생각은 착각이다. 그럼에도 그런 가치나 개념들이 보편적인 외양을 지니게 되는 것은 부르주아 이데올로기 때문이며, 그것은 일종의 허위의식이라는 것이다. 이런 시각에 따르면, 부르주아 이데올로기가 만들어내는 보편화의 효과는 허위이자 거짓이고, 이런 거짓된 보편성을 폭로하고 그것의 역사성을 드러내는 일이 이데올로기 비판의 핵심을 이룬다.

이에 비해, 라캉주의 이데올로기 비판은 이 같은 역사화가 지니고 있는 문제점들을 지적하는 곳에서 작동한다. 마르크스주의가 수행하는 이데올로기 비판은, 역사성을 무시한 상태에서 이루어진 잘못된 보편화의 허상을 타파할 수 있다는 점에서 의미가 있지만, 대상이 지니고 있는 진짜 핵심에 대한 접근을 회피하는 수단이 되기도 한다는 점에서 문제적이다. 예를 들면 문학이 혁명에 봉사해야 한다는 생각이 있다 치자. 이 경우 문학은 혁명을 위한 수단이 되기 쉽고 이 과정에서 문학성(문학다움)이 훼손될 수도 있다. 이에 대해 주류 마르크스주의 미학은, 문학성이라는 것이 보편적인 것이 아니라 단지 부르주아 시대라는 특정한 역사적 계기의 산물에 불과한 것이라고, 새로운 시대에는 결국 사라질 수밖에 없는 것이라고 대응한다. 하지만 여기에서 문제는, 문학성을 이처럼 특정 시대에 생산된 특수한 개념으로 역사화하는 것이 그것의 본질에 대한 심도 있는 사유를 제한하게 된다는 점이다. 즉 문학성이란 무엇인가, 새로운 세계에서 문학성은 어떻게 사유되어야 하는가 등의 본질적인 질문들을 위한 통로가 차단되어버리는 것이다. 그럼에도 그런 질문들은 다양한 역사적 상징화를 관통하며 어김없이 제기되곤 하는 것이기에 문제라는 것이다.

마르크스주의적 비판이 이데올로기의 이면에서 그릇된 보편화가 은폐해버린 역사성을 찾아냄으로써 작동한다면, 라캉주의적 비판은 그것에 대한 메타비판으로서, 성급한 역사화가 회피하고자 하는 대상의 핵심에 접근하고자 할 때 효과를 발휘한다.

이데올로기와 잉여 향락 surplus-jouissance

라캉이 발전시킨 향락(향락은 라캉이 쓴 프랑스어 단어 jouissance 의 번역어이다. 그 단어가 지닌 성적 의미를 강조하여 희열이라 번역되기도 하고 그에 대한 영어 번역어 enjoyment의 예를 따라 향유로 번역되기도 하며, 번역하지 않은 채 주이상스로 쓰기도 한다)의 개념은 고통스러운 쾌락을 뜻한다. 이 점에서 향락은 프로이트가 썼던 쾌락의 개념과 구분된다. 프로이트에 따르면, 쾌락은 불쾌한 긴장이 없는 상태, 몸과 마음의 내부에 존재하는 고요한 평형상태를 뜻한다. 밥때인데도 위장이 비어 있다든지, 방광이 가득 차 있는 상태는 쾌락의 반대이다. 배고픔과 배설욕 같은 불쾌한 긴장이 사라지는 것, 그것이 곧 쾌락의 획득에 해당된다. 그래서 프로이트는 가장 값싸게 획득할 수 있는 쾌락에 대해 농담처럼 이렇게 말했다. 추운 겨울날 창문을 열어놓고 이불 밖으로 발을 내밀고 견디다가 이불 속으로 발을 끌어당기는 일, 그것이 가장 싸게 얻을 수 있는 쾌락이라고. 긴장에서 이완으로 가는 것이 곧 쾌락의 획득인 셈이다. 그것은 모든 유기체들이 지니고 있는 기본적인 성향이어서 프로이트는 이를 쾌락원칙이라고 불렀다.

라캉은 프로이트의 논의를 바탕으로, 향락이라는 개념을 통해 쾌락원칙 너머의 세계에 대해 접근하고자 했다. 쾌락원칙의 관점에서 본 주체의 형상은 매우 절도 있고 금욕적인 모습으로 드러난다. 음식을 먹더라도 몸에 좋은 음식의 종류를 가려가며 적당히 먹는 절제력 있는 사람을 상상하면 되겠다. 하지만 향락은 경우가 다르다. 절도 있는 이완 속에서가 아니라 과도함과 위반과 한계를 넘어서는 것 속에 있는 것이 향락이다. 그러므로 향락은 그 자체가 역설적인 개념일 수밖에 없다. 향락이라는 기쁨은 모든 것이 적절하게 갖추어진 상태와는 달리 과잉과 잉여 속에서만 생겨날 수 있는 것이어서, 거기에는 반드시 고통이 수반되기 때문이다. 예를 들어 제대로 먹었다고 할 수 있으려면, 곧 먹는 일에서 향락을 누렸다고 하려면 어느 정도라야 하는가. 평소의 내 식사량이나 그 밖의 여러 가지 사정을 고려하여 적당한 양의 음식을 꼭꼭 씹어 먹는 차원이 아님은 당연하다. 목구멍까지 음식이 차올라서 칼을 들이대도 더이상은 못 먹겠다고 할 만큼 먹는 일, 그것이 먹는 일의 향락에 해당된다. 그것은 기쁨이고 쾌락이되 고통스러운 쾌락이다. 향락은 언제나 이처럼 과도함과 넘침 속에서만 존재한다. 향락은 잉여 속에서만 존재할 수밖에 없는 것이다. 거기에서 잉여를 제거하려 하면 잉여만 사라지는 것이 아니라 향락 자체가 사라져버린다. 절도 있고 합리적인 기쁨은 향락일 수 없기 때문이다. 그것은 향락과 잉여 향락이 지닐 수밖에 없는 역설이다.

향락은 프로이트의 죽음 충동의 개념과 나란히 놓여 있다. 주체의 의지나 쾌락원칙과는 무관하게 작동하는 일그러진 세계라는 점에서 그러하다. 라캉이 정식화해놓은 충동의 틀은 이렇다. 그것을 원하지 않는데도 내가 지금 그것을 하고 있을 때 나는 충동의 회로 속에 있다. 고통스러운 쾌락으로서의 향락도 마찬가지다. 배가 터질 지경이어서 먹는 것이 더이상 쾌락일 수 없는데도 나는 지금 먹고 있는 중이다. 담배를 끊어야지 끊어야지, 어떻게 하면 담배를 끊을 수 있을지를 생각하면서 나는 지금 담배를 피우고 있는 중이다. 그것이 충동이자 향락의 차원이다.

무의식의 차원에서 작동한다는 점에 있어서는 이데올로기의 경우도 마찬가지다. 이데올로기는 그럴듯한 논리와 합리성이라는 외관을 지니고 있지만 언제나 그것을 넘어선다. 대중들을 견인해내는 이데올로기의 힘은 언제나 논리가 아니라 그 너머에 존재한다. 그런 점에서 이데올로기는 향락과 충동의 내적 질서를 지니고 있다. 그래서 이데올로기적 향락 속에 사로잡혀 있는 사람들에게는 그 어떤 논리적 비판도 수용되기 어렵다. 이를테면 반유대주의가 옳지 않다는 것을 안다고 해도, 곧 유대인이 그런 사악한 존재가 아니고 그저 조금 다른 문화를 지니고 있는 보통 사람들이라는 것을 수긍한다 하더라도, 그래도 반유대주의는 고수되어야 한다. 왜냐하면 유대인은 사악한 존재들이니까. 그런 우스꽝스러운 동어반복이 이데올로기적 향락의 형식 속에 내재해 있다. 그들은 지금 이데올로기를 즐기는 중이다. 그러니 그들을 설득하는 것은 흡사 어린아이들로 하여금 한참 가지고 놀고 있는 장난감을 포기하게 하는 것만큼이나 힘들다. 그러니 방법은 없다. 빼앗는 수밖에. 이데올로기가 지니고 있는 이런 터무니없는 속성을 우리는 라캉의 향락이라는 개념을 통해 새삼 확인할 수 있게 된다.

CHAPTER 8

사디즘의 아이러니,
마조히즘의 유머

사디즘과 마조히즘

사디즘과 마조히즘은 성도착의 일종으로 잘 알려져 있는 말이다. 이 단어들은 정신의학자 크라프트에빙 Richard von Krafft-Ebing, 1840~1902에 의해 정신병리학 용어로 등재되었다. 가학성 음란증과 피학성 음란증, 혹은 좀더 단순하게 가학증과 피학증 등으로 번역되기도 하며, 영어식으로 발음하여 새디즘과 매저키즘이라 불리기도 한다. 사디즘은 다른 사람들에게 고통을 주면서 쾌감을 느끼는 성향을, 마조히즘은 이와는 반대로 고통을 받으면서 쾌감을 느끼는 성향을 지칭한다. 둘의 결합을 사도마조히즘이라 부르고, 또 이를 SM이라 줄여 부르기도 한다.

사디즘이라는 말은 프랑스의 소설가 사드 Marquis de Sade, 1740~1814의 이름에서 유래되었다. 사드는 프랑스혁명기를 살았던 귀족 출신의 소설가로서 폭행과 반혁명 혐의, 필화 등의 이유로 오랜 시간을 감옥에서 보냈고 그러면서도 다수의 문제적인 작품을 남겼다. 특히 『소돔 120일』 같은 소설은 단순한 외설의 차원을 넘어 메스껍고 끔찍한 폭력으로 전화되는 성 충동의 한계 지점을 보여준다. 이런 연유로 사드의 이름은 성과 결부된 폭력성의 상징이 되었다.

마조히즘이라는 말은 사드보다 한 세기쯤 후의 인물인 오스트리아의 소설가 자허마조흐Leopold Ritter von Sacher-Masoch, 1836~1895에게서 유래한다. 그의 작품은 사드의 경우와는 달리 전혀 외설적이거나 폭력적이지 않으며 오히려 우아하고 섬세하며 신비적이고 상상력이 풍부한 모습을 보여주었다. 『모피를 입은 비너스』와 같은 작품에서처럼 노골적인 묘사가 없으면서도 환상적인 성감의 분위기를 만들어내곤 하지만, 계약을 통해 여성의 매질에 자신의 몸을 맡기는 남성의 모습을 그리고 있어 마조히즘이라는 개념에 자신의 이름을 내어주게 되었다.

사디즘과 마조히즘은 공히 폭력성과 결합된 성 충동의 현상으로 존재하고 있으나, 둘 중 좀더 문제적인 것은 마조히즘이다. 공격성이 외부를 향해 있는 것으로서의 사디즘은 그 이치를 따져볼 때 그다지 이상한 것이 아니다. 자기 자신을 유지하고 보존하기 위해 지상의 거의 모든 유기체가 행하는 기본적인 활동에 그런 유의 공격성이 내재해 있기 때문이다. 자기방어를 위한 것일 수도 먹이를 사냥하거나 채집하기 위한 것일 수도 있다. 하지만 자기 자신을 학대하거나 공격하는 경향으로서의 마조히즘은 이런 점에서 보자면 매우 낯설고 기이한 것이다. 자살하는 짐승들이 드문 것과 마찬가지로 자기보존이라는 유기체의 기본적인 본성에 어긋나는 것이기 때문이다. 여기에 대해서는 두 가지 설명이 있다.

프로이트는 마조히즘의 기제에 대해, 외부를 향한 공격성이 자기 자신을 향해 방향을 돌린 것으로 이해했다. 성 충동과 결합된 공격성이 있고, 이것의 능동적인 형태가 사디즘이라면 수동적인 형태가 마조히즘이라는 것이다. 이런 점에서 사디즘과 마조히즘은 같은 힘의 두 측면이고 전체적으로는 사도마조히즘이라는 종합적인 틀로 정리된다는 것이 프로이트의 설명이다. 그렇다면 공격성이 방향을 바꾼 이유는 무엇인가. 이에 대해 프로이트는 자아가 지닌 죄의식, 자기를 처벌하고자 하는 의지를 들었다. 마조히즘은 내면화된 아버지인 초자아가 죄를 지은 자아에 대해 행하는 처벌이라는 것이다. 마조히즘의 기본적인 틀은 여자에게 매맞는 남자의 모습인데 그렇다면 누가 때리고 누가 맞는가. 자아에 대한 초자아의 처벌이라는 프로이트의 틀에 따르면, 아버지가 때리고 아들이 맞는 것이 된다. 그러나 매를 쥔 손의 주인은 여자가 아닌가. 이에 대해 프로이트는 매를 쥔 손의 주인이 여성이 된 것은 동성애적 선택을 피하기 위한 장치라고, 여성의 배후에는 처벌하는 아버지가 놓여 있다고 설명했다.

들뢰즈는 이와는 다른 방식으로 마조히즘의 틀에 접근했다. 프로이트가 마조히즘이라는 도착적 증상과 그것의 발생 기제에 대해 직접적으로 다가갔다면, 들뢰즈는 자허마조흐의 작품세계를 통해 우회적으로 접근했다. 프로이트와는 달리 그는, 마조히즘을 사디즘의 전도된 형태로 이해하지 않고 사디즘과는 달리 독자적인 원리를 지닌 것으로 파악하려 했다. 그는 사드와 자허마조흐의 작품세계 자체의 차이를 통해 사디즘과 마조히즘의 차이를 규명했다. 그에 따르면 이 둘의 차이는 논리의 세계와 상상의 세계라는 차이로 구분된다. 논리는 직선적이고 우회를 모르며 이런 점에서 폭력적이다. 반면에 상상은 논증이 아니라 변증적인 세계, 구부러지고 예측하기 어려운 신비한 세계를 만든다. 이런 차이를 바탕으로 들뢰즈는 마조히즘에 등장하는 때리는 손의 여성 주인공과 맞는 엉덩이의 남성 주인공의 모습을 프로이트의 경우와는 다르게 설명했다.

마조히즘에서 분명한 것은 매를 맞고자 하는 의지, 즉 처벌받고자 하는 의지일 뿐이다. 때리는 여성을 아버지의 대리자라고 상정한 프로이트와는 달리 들뢰즈는 그 손의 주인공을 어머니라고 했다. 그렇다면 어머니가 왜 아들을 처벌하고 있는 것인가. 여기에서 어머니의 매질에 몸을 맡긴 주체는 아들이지만, 더 정확하게는 아들 속에 들어 있는 나쁜 아버지이다. 즉 아들은 자기 안에 들어 있는 나쁜 아버지를 처벌하기 위해 어머니의 매질에 몸을 맡기고 있다는 것, 아들이 아버지에게 죄를 지었기 때문이 아니라 나쁜 아버지를 용납한 것이 문제이기 때문에 처벌을 받아야 한다는 것, 그것이 마조히즘 매질의 의미라는 것이 들뢰즈의 설명이다. 이와 같은 논리를 축으로 들뢰즈는 마조히즘이 자기 자신을 향해 선회한 사디즘이 아니라 독자적인 기제를 갖춘 것이라 했다. 이런 그의 설명은 우리 시대 문화 현상에 대해 다양하게 적용 가능한 시각을 제시해준다.

마조히즘의 유머

마조히즘과 유머가 결합하는 것은 일견 낯설어 보인다. 폭력에 스스로 몸을 맡기는 일, 자기 자신을 처벌하는 일이 농담이기는 힘들기 때문이다.

법이나 관습처럼 우리가 마땅히 따라야 한다고 전제되어 있는 규범이 있다고 해보자. 그런 규범이 사람들의 생각과 일치하거나 개개인의 행복에 저해되지 않는다면 문제없다. 그러나 법이나 관습 같은 제2의 자연이 사람들의 본성에 어긋나는 것으로 다가온다거나 사람들에게 불행을 가져오는 경우는 어떻게 해야 하는가. 들뢰즈는 사디즘과 마조히즘의 서로 다른 방식을 통해 법에 저항하는 두 가지 방법을 보여준다. 아이러니와 유머가 그것이다.

법의 명령에 대한 사디즘의 대답은 법이 정한 한계를 정면으로 돌파해버린다는 것이다. 사디즘에서 문제가 되는 것은 제2의 자연으로서의 법이 아니라 그 상위에 있는 것으로서의 절대선 혹은 제1의 자연이다. 그것을 향해 나아가는 것이 중요하며, 그런 운동에 걸리적거리는 것이라면 법을 위반하고 돌파하는 것은 문제될 것이 없다. 폭군과 폭정은 법을 위반함으로써 자신의 세력을 떨쳤던 것이 아니라 오히려 괴상한 법을 만들고 그 법을 지키게 함으로써, 즉 악법의 제정자와 수호자로서 존재했고 그런 힘을 통해 번성

했었다는 것이 사드의 통찰이다. 그러므로 법을 전복시키는 사디즘의 방법은 그것을 정면으로 돌파해버리는 것이며, 그런 양상을 들뢰즈는 수직적이고 초월적인 운동으로서의 아이러니라고 했다.

법의 힘에 맞서는 마조히즘의 방식은 이와는 대조적이다. 법에 대한 철저한 복종과 준수를 통해 법의 불합리성과 우스꽝스러움을 드러내는 것이 마조히즘의 방식이다. 사디즘이 법의 불합리성을 정면으로 돌파하는 것이라면, 마조히즘의 방식은 법을 문자 그대로 철두철미 준수함으로써 법에 대한 조롱이라는 결과를 만들어내는 것이다. 그것을 들뢰즈는 마조히즘의 유머라고 했다.

예를 들어, 잘못 설치되어 교통 흐름을 방해하는 신호등이 있다고 하자. 어떻게 할 것인가. 사디즘의 방식은 주저 없이 그 신호등을 무시해버리는 것이다. 그 신호등을 무시하는 것이 교통의 흐름에 도움이 되고 또 기름을 절약하여 지구의 생태 환경에 도움이 되는 것이라고 하면서. 이와는 반대로 마조히즘의 방식은 그 우스꽝스러운 신호를 철저하게 지키는 것이다. 아침 출근 시간에 이 신호등 때문에 길이 막힌다. 그래서 교통경찰이 신호등과 무관하게 수신호로 교통정리를 하고 있다. 교통경찰이 통과하라고 수신호를 하는데도 마조히스트는 오히려 버틴다. 무슨 말이냐고, 신호를 지켜야 되지 않느냐고 오히려 경찰을 나무라면서. 이런 상황 속에서 결과적으로 우스꽝스러워지는 것은 자신이 지켜지기를 요구하고 있는 신호등, 즉 우스꽝스러운 실체로서의 법이다.

법에 대한 복종을 통해 진리의 계기를 구현하는 마조히즘의 방식은 무엇보다도 소크라테스의 죽음이라는 일화 속에서 선명하게 드러난다. 그는 얼마든지 죽음을 회피할 수 있었음에도 불구하고 우스꽝스러운 법의 손에 자신의 목숨을 맡겼다. 소크라테스가 죽는 날의 장면을 그리고 있는 플라톤의 『파이돈』은 그 상황의 비극성에도 불구하고 흥청거리는 잔칫집과도 같은 기묘하게 명랑한 분위기를 지니고 있다. 그 분위기는 기본적으로 플라톤의 법 개념, 그 상위에 있는 선에 비하면 법은 이차적이라는 생각에서 비롯되며, 또한 법을 준수하는 일에는 아이러니와 유머가 깃들어 있다는 생각에서 기인한다고 들뢰즈는 지적한다. 악법을 준수하며 죽어간 소크라테스의 행위는 기본적으로 법을 전복시키는 마조히즘적 방식의 산물이다. 그래서 거기에는 악법에 대한 조롱으로 귀결되는 유머 감각이, 말 그대로 목숨건 유머 감각이 스며들어 있다.

이런 생각을 좀더 연장해보면 사상 최대의 마조히스트는 예수라고 할 수 있겠다. 소크라테스는 사람이었지만 예수는 신의 아들이면서 동시에 그 자신이 신이기도 했다. 그럼에도 사람의 손에 자신의 육신을 맡기고 육체가 주는 고통을 고스란히 감내했다. 그는 신이므로 자신의 비참한 죽음을 피할 수 있었지만 피하지 않았다. 그래서 십자가에 매달린 예수의 형상은 흡사 자살한 신의 형상처럼 기이하게 다가온다. 그 모습을 우주적 차원에서 보자면 어떨까. 스스로 죽음을 향해 걸어간 죽을 수 없는 존재인 신이라면 이것은 또한 우주적 규모의 유머, 매우 기묘한 형태의 유머가 아닌가.

신경증, 도착증, 정신병

좁은 의미에서 사디즘과 마조히즘은 도착증의 하나이다. 이 경우 도착증이란 라캉주의의 진단 방식이 분류해놓은 정신 질환의 세 가지 주요 범주 중 하나이다. 신경증, 도착증, 정신병. 이 셋은 상징적 질서에 대해 주체가 어떻게 반응하는지에 따라 구분된다.

상징적 질서 자체를 전면적으로 거부하는 것이 정신병이고, 이 것을 전적으로 받아들임으로써 비롯되는 것이 신경증이다. 그리고 도착증은 그 중간에 존재한다. 상징적 질서를 받아들였지만 그것 과의 맞대면을 회피하는 경우이다. 여기에서 상징적 질서란 한 사회의 기초를 이루는 언어적 질서를 뜻한다. 그러므로 신경증자는 정상적 소통이 가능한 사람이고 정신병자는 말이 제대로 통하지 않는 사람이다. 가령 환각이나 환청이 있을 경우, 신경증자는 헛것 이 보인다거나 헛소리가 들린다는 사실은 인정하지만 그것들은 어 디까지나 헛것이나 헛소리에 불과하다고 생각한다. 그런 헛것들과 만나게 되는 자기 자신에게 문제가 있다고 생각하는 것이다. 그래 서 그는 스스로 전문가를 찾아 도움을 구한다. 그러나 정신병자는 헛것이 헛것이 아니라 진짜라고 생각하는 사람들, 나아가 그것들 과 대화를 나눌 수 있는 사람들이다. 상징적 질서의 존재를 인정하 면서도 그것을 전면적으로 받아들이지는 않은 도착증자는 그런 문 제 자체가 회피의 대상이다.

이 세 범주의 정신적 기제를, 라캉은 프로이트의 용어를 원 용하여 각각 억압repression(신경증), 부인disavowal(도착증), 폐제

foreclosure(정신병)라 했다. 정신분석적 의미에서 도착증이란 이른바 정상적이라 간주되는 성적 규범에서 일탈한 행위를 비난조로 지칭하는 용어가 아니라, 다른 두 범주와 구분되는 것으로서의 임상적 범주를 뜻한다. 폐제는 이미 존재하고 있는 사회적 질서의 핵심적인 부분을 받아들이지 않는다는 것, 종국적으로 그 질서 자체를 거부하게 되는 행위를 뜻한다.

이와는 반대로 억압은 현실의 질서를 받아들이고 자신이 그 질서의 일부로 작동하기 시작하면서 생겨나는 기제이다. 외부의 질서를 받아들여 내면화하는 일이란 주체를 재단하거나 그 안으로 우겨넣는 것, 그 자신의 내밀한 것들을 그 밑에 누르고 감추는 일에 해당된다. 억압은 그런 행위를 지칭한다.

이에 비해 부인이란, 아예 배제해버린다는 뜻의 폐제나 그 존재를 인정하지 않는다는 뜻의 부정이 아니며, 그 존재를 인정하지만 정면으로 바라보지 않는다는 것을 뜻한다. 상징적 질서를 받아들이면서도 그것을 자기의 것으로 구사하지는 않는다는 것이다. 질서를 받아들이는 일이란 곧 금지를 받아들이는 일이며 거기에는 고통이 수반된다. 신경증은 그 고통의 결과이다. 물론 정신병자는 그것을 받아들이지 않았으므로 고통도 모른다. 도착증은 그런 고통에 대한 일종의 회피 전략인 셈이다.

CHAPTER 9

승화될 수 없는 것들의
섬뜩함

억압적 탈승화repressive desublimation

승화sublimation라는 말은 마음이 추구하는 만족의 수준이 문화적으로 낮은 차원에서 높은 차원으로 옮겨가는 것, 좀더 좁은 의미로는, 리비도 에너지가 성적 대상으로부터 성적이지 않은 대상으로 이동하는 것을 뜻한다. 성교육 시간에 청소년들이 흔히 운동이나 다른 유익한 것을 함으로써 성 충동을 승화시켜야 한다는 식의 말속에서 만나곤 하는 좀 고리타분해 보이는 단어이기도 하다. 탈승화란 이런 뜻의 승화와 정확하게 반대되는 말이다. 만족의 수준이 문화적으로 저급한 쪽으로, 또 리비도 에너지가 성적인 대상으로 옮겨가는 것이 탈승화이다. 게다가 억압적이라는 말이 붙어 있다. 자율적이거나 자유롭지 못하다는 뜻이니 이 또한 좋을 수는 없는 말이다.

억압적 탈승화는 제2차세계대전 후 마르쿠제가 상업적으로 번성하는 미국의 대중문화를 바라보면서 썼던 말이다. 그 뜻인즉 대중을 상대로 시장에서 유통되는 문화 상품이 저급하고 저열한데다 그런 풍조가 압도적이어서 저항하기 어려울 정도라는 뜻이다. 그런데 그것이 왜 문제라는 것인가. 물론 예술이 대중화되는 현상 자체가 문제일 수는 없다. 그로 인해 초래되는 예술의 저급화가 문제라는 것이다. 하지만 그 저급화라는 것이 쉬워지고 단순화되고 성적 표현이 풍부해지는 것을 뜻한다면 그것이 반드시 나쁘기만 한 것인가. 가치 있는 것으로서의 문화와 예술이 반드시 어렵고 복잡하고 성적으로 결백한 것일 수만은 없지 않은가. 이런 반론의 가능성에도 불구하고 예술의 저급한 대중화 현상에 대해 마르쿠제가 비판했던 것은, 파시즘과 대량 살육의 시대를 거쳐온 지식인의 한 사람으로서 그가 예술에 대해 지니고 있던 특별한 기대 때문이었다.

전체주의 사회란 목표를 위해 수단을 돌보지 않고, 지도자를 정점으로 전 사회를 기계처럼 작동하게 만들고자 한다는 점에서 기본적으로 근대 합리주의의 산물이다. 실용적이고 현실적이며 과학주의에 입각해 있는 사유 체계라는 점에서 그렇다. 그럼에도 그런 합리주의의 바탕에 있는 것은 목표가 아니라 방법의 효율성과 과학성만을 따지는 이상한 합리성, 그리고 그 과정에서, 정작 중요한 목표에 대한 이성적 사고를 배제해버리는 미친 합리성이다. 그 안에서 살아남기 어려운 것은 자유롭고 자율적인 개인이라는 이상이다. 하지만 그런 이상이 위기에 처한 것은 단지 파시즘의 세계에서만은 아니다. 생활비를 벌기 위해 원치 않는 노동에 임해야 하는 세계라면, 자유롭고 자율적인 주체라는 이상이 처해 있는 상황은 전체주의 사회와 크게 다르지 않을 것이기 때문이다.

근대성이 초래한 이런 세계 상태 속에서 예술은, 자율적인 개인과 소외되지 않은 노동의 이상이 숨쉴 수 있는 곳, 또한 전체주의화되는 힘에 대한 저항의 에너지가 보존되어 있는 곳으로 간주되었다. 그래서 예술은 그것의 존재 자체만으로도, 기형적으로 합리화된 세계에 대한 '위대한 거부'의 표상으로 기려지기도 했다.

예술이 문화 산업의 대중적 상품으로 유통되는 것에 대한 마르쿠제의 거부감은, 예술에 부여된 이런 지위 때문에 좀더 강하게 나타났다. 망가지는 예술이 문제가 아니라 저항 에너지의 저장고가 텅 비게 되는 것이 문제라는 것이다. 또한 예술이 대중화되고 상품화됨에 따라 그동안 금기시되었던 성적 표현의 폭이 점점 넓어져 간다. 낭만적인 반도덕성이 등장하고 외설이 권장되기도 한다. 그런데 그것이 왜 문제인가. 표현 영역이 넓어지고 성에 대한 표현의 제한이 조금씩 허물어지는 것은 표현의 자유와 주체의 자율성을 위해 바람직한 것이 아닌가. 마르쿠제가 문제삼고자 했던 것은, 쾌락을 추구하는 것 자체가 아니라 그것이 상품화되고 지배 논리에 순치됨으로써 거기에 내장되어 있는 저항의 에너지가 사라져버리는 것이다. 지배 논리에 저항해야 할, 또 여차하면 전복적 사유의 일선으로 몰려가야 할 문제아들이 고작해야 정해진 울타리 안에서만 저항의 포즈를 취하는 순치된 반항아가 되는 것이 문제라는 것이다. 게다가 쾌락에 대한 추구가 기성 질서의 금지에 대한 저항의 형태가 아니라 오히려 은밀히 권유되거나 공공연하게 강요되는 형태라면 더욱 곤란하다. 그것은 쾌락 추구의 에너지가 지니고 있는 저항성을 위축시키는 일이기 때문이다.

억압적 탈승화라는 말이 제2차세계대전 이후에 대두된 대중사회의 문화적 현상으로 지적되고 비판적으로 구사되었던 것은 이 때문이다. 여기에서 한걸음 더 나가보면 어떨까. 얼마 전부터 대중매체에서는 '섹시하다'는 말이 남성이나 여성의 외양에 대한 민망하지 않은 찬사로 쓰이기 시작했다. 전체적인 분위기로 보건대 모두가 성적 매력을 감추지 않는, 섹시해지기를 권하는 사회가 되어가는 중이라 해도 좋을 것이다. 또 국가대표 운동선수들이나 감독들의 입에서도 게임을 즐긴다는 말이 나오고 있다. 이를테면, 내일 저녁 경기를 위해 우리는 마지막 준비를 끝냈고 이제는 선수들이 경기를 즐기기 바란다고 한 감독이 말했다. 감독이라는 초자아의 입에서 떨어진 명령이 '반드시 이겨라'도 아니고 '정신력으로 버텨라'나 '국가를 위해 헌신하라'도 아니고, '즐겨라'이다. 이 말은 최소한 두 가지로 번역될 수 있다. 첫째, 긴장을 풀고 경기 외적인 것은 모두 무시한 채 경기 자체에 집중하라는 말이다. 이것은 국가를 대표하는 선수들의 마음 부담을 덜어주기 위한 배려의 말이겠다. 둘째, 모든 준비가 완벽하게 끝났다는 대단한 자신감의 표현이다. 평소에 하던 대로만 하면 즐겁게 해도 결과가 보장되어 있다는 말이겠다. 경기에 완전히 몰입해 있는 상태로 의식의 특별한 사용 없이 육체의 움직임 자체를 즐기면서도 좋은 경기를 할 수 있다는 것은 이미 그의 선수들의 신체가 완벽하게 프로그램화된 상태, 곧 기계의 상태에 도달했다는 것을 뜻한다. 특별한 정신적 에너지의 투입 없이도 숙련을 통해 익힌 동작이 저 스스로 흘러나오게 하는 것, 그 동작의 주인공은 그저 자기 신체의 움직임을 바라보는 것으로 족한 상태에 도달하는 것은 모든 운동선수들의 꿈일 것이다.

'즐겨라'라는 초자아의 명령은 이런 의미에서 대상을 기계로 만든다. 초자아가 내리는 쾌락을 누리라는 명령은 자아의 부담을 덜어주지만 동시에 죄의식도 사라지게 한다. 자아는 내면화된 금지를 통해 제 마음속에 있는 무의식적 충동을 제어한다. 그것이 자율적 주체의 모습이다. 자발적인 리비도가 있고 그것에 대한 내면적 통제를 통해 스스로의 자율성을 확립하는 자아가 있는 것이다. 이처럼 초자아와 이드라는 상반된 힘을 견제하고 매개함으로써 자아는 상대적 자율성을 확보한다. 그런데 억압적 탈승화 곧 즐기라는 초자아의 명령은 자아라는 매개를 우회하여 초자아가 직접 이드와 접합되는 것을 뜻하며, 종국에는 자아의 영역을 위축시켜버린다. 억압적 탈승화를 통해 자아는 상대적 자율성을 상실하고 무의식으로 퇴행하는 것이다. 그러니까 경기를 즐기라는 명령은 무의식의 상태에 머물러 있으라는 뜻이며 몸의 언어에 집중해야 할 운동선수에게는 최고의 지침이 된다.

이런 점에서 억압적 탈승화는 자아를 희생 삼아 이루어지는 초자아와 이드 사이의 기묘한 화해이다. 금지와 충동의 화해라는 이

기묘한 틀 속에는 자아의 영역이 없으므로 죄의식도 있을 수 없다. 하지만 문제는 죄의식이 사라지는 순간 그것에 의해 가려져 있던 불안이 솟아나온다는 것이다. 죄의식은 참회를 통해 경감시킬 수 있지만, 사라져버린 죄의식 너머에서 다가오는 불안은 대책이 없다. 자아의 입장에서 볼 때 방어기제를 찾기 힘든 불안은, 그 자체가 방어기제인 죄의식에 비길 수 없는 무시무시한 상대이다.

과잉억압 surplus repression과 실행원칙 performative principle

인간의 문화 혹은 문명의 발생에 대한 프로이트의 논리는 '억압 가설'이라는 말로 지칭되곤 한다. 프로이트에 따르면, 문명의 발생은 인간의 내부에서 요동치고 있는 다양한 충동에 대한 통제와 억압으로부터 시작된다. 그 충동에 몸을 맡겨버린다면 우리가 문화적인 것이라 할 수 있는 어떤 질서도 공동의 결사도 불가능하다. 그래서 문명의 발생은 인간의 내부에 존재하고 있는 본능적 충동을 제어하고 다스리는 일로부터 시작된다는 것이다. 프로이트는 근친상간의 금지에서 족외혼으로 이어지는 흐름 같은 것이 그 첫걸음일 것이라 했다. 이런 논리는 문명화의 정도가 인간의 내적 충동에 대한 억압의 강도와 정교함에 따라 규정될 수 있다는 수준까지 나갈 수도 있다.

마르쿠제는 프로이트의 억압 가설을 바탕으로 새롭게 문제를 제기한다. 억압 없는 문명은 불가능한 것인가. 물론 이 물음은 프로이트 자신에 의해서도 제기된 바 있다. 마르쿠제는 파시즘의 발호와 제2차세계대전의 대량 살육이라는 현상을 목격했고, 지배 질서와 사회적 억압에 대한 저항의 필요성과 정당성을 옹호하고자 했다. 그러나 억압이 문명 발생과 유지를 위해 필연적인 것이라면 그것에 대한 저항의 논리는 설 자리가 없는 것이 아닌가. 이런 논리적 난관을 돌파하기 위해 마르쿠제가 고안한 것이 과잉억압과 실행원칙이라는 개념이다.

그는 억압을 기본억압과 과잉억압의 두 종류로 구분했다. 기본억압은 사람이 짐승과 구분되는 최소한의 필요조건으로서 충동의 억압을 뜻한다. 근친상간의 금지 같은 것이 이에 해당된다. 이에 비해 과잉억압이란 특정한 시대의 사회체제가 질서 유지를 위해 구성원들에게 부여하는 억압이다. 이를테면 역사적으로 특수한 가족제의 형태와 같은 것, 가부장제나 일부일처제 같은 것이 그런 것이다. 또 실행원칙이란 프로이트가 언급했던 현실원칙의 역사적 형태이다. 프로이트는 인간에게 잠재되어 있는 본연의 힘을 쾌락원칙이라 했고, 그것을 통제하여 공동생활을 가능케 하는 힘을 현실원칙이라 했다. 현실원칙이 인간의 문명을 가능케 한 기본억압을 수행하는 힘이라면, 마르쿠제가 개념화한 실행원칙은 특정한 역사적·사회적 단계가 자기 체제의 유지를 위해 과잉억압을 수행하는 힘인 셈이다.

이와 같은 방식으로, 억압과 현실원칙으로부터 과잉억압과 실행원칙이 구분되면, 프로이트의 억압 가설은 다치게 하지 않은 채로 현행 지배 질서의 억압에 대한 저항이 논리적 거점을 확보하게 된다. 억압은 인류 문명 발생의 정신적 기축이므로 그것 자체에 대한 부정은 원천적으로 불가능하다. 그것을 부정하는 것은 인간이기를 포기하고 짐승이 되는 일이기 때문이다. 하지만 불합리하거나 비정상적으로 보이는 과잉억압과 실행원칙에 대한 저항이라면 그것은 얼마든지 가능하고 또 논리적으로 정당하다. 과잉억압과 실행원칙이라는 개념쌍은 이처럼 프로이트적인 기반 위에서 현실에 대한 저항 논리의 근거를 마련하기 위해 안출되었다. 물론 가장 바람직한 것은 억압 없는 문명의 가능성을 찾는 일이다. 억압과 그것에 대한 저항의 논리 너머에 있는 것이 비억압적인 승화의 영역이고, 마르쿠제는 그 가능성을 예술적 상상력과 유희의 세계 속에서 발견한다.

억압된 것의 회귀와 섬뜩함Unheimliches, uncanny

프로이트의 체계 속에서 억압의 개념은 매우 중요한 위치를 차지하고 있다. 억압은 신경증을 초래하는 핵심적인 기제이거니와, 프로이트의 정신분석학 자체가 신경증 연구로부터 출발한 것이기 때문이다.

억압된 기억은 특별한 이유로 인해 인지 수준 밑으로 억눌려 있다는 점에서, 기억의 힘이 풀리면서 자연스럽게 이루어지는 보통의 망각과 구분된다. 억압된 것들의 특성은 반드시 되돌아온다는 것이다. 히스테리와 강박증으로 대표되는 신경증은 억압된 것들이 회귀하면서 만들어낸 여러 증상들로 표현된다. 몸 자체에는 이상이 없는데도 신체의 일부가 마비되거나 비정상적으로 작동하는 다양한 형태의 히스테리성 정신신체증 그리고 강박증과 우울증, 공포증 등이 그것이다. 그 모두가 억압된 것의 회귀가 만들어내는 증상들이다. 이와 같은 억압된 것의 회귀는 다양한 장애와 증상을 초래하지만 이것이 단지 개인의 경험 세계에게만 국한되는 것은 아니다. 억압이라는 기제 자체가 한 개인의 차원을 넘어 특정한 집단이나 사회 일반으로, 또는 인류의 진화나 문화적 성장의 역사 전체로 확장될 수 있기 때문이다.

억압된 것의 회귀는 기이하고 일그러진 모습과 정서 속에서 이루어진다. 그런 정서적 반응을 프로이트는 섬뜩함이라고 불렀다. 그것은 때로 기이하고 낯설고 끔찍하며 더러는 소름끼치게 무시무시한 것이기도 하다. 독일어의 섬뜩함을 뜻하는 Unheimliches은 친숙함을 뜻하는 Heimliches에 부정의 접두어 'un-'이 붙어 반대말로 된 것이다. 프로이트는 이 말들의 어원과 용례에 대한 추적을 통해, 서로 반대되는 이 두 단어가 거의 동일한 의미로 사용되기도 한다는 점을 지적하면서 섬뜩함이란 한때 매우 친숙했지만 이제는 더이상 친숙할 수 없게 된 어떤 것, 한 개인이 자기의 성장 과정을 통해 결별하게 된 어떤 것, 또는 인류 전체가 진화나 문화의 발전 과정을 통해 초극해버린 어떤 것이 우리에게 다가올 때 주는 느낌이라고 했다. 친숙함과 섬뜩함 사이에 놓여 있는 부정의 접두사는 억압의 표지인 셈이며, 바로 그 억압이 우리에게 섬뜩함이라는 정서를 만들어낸다는 것이다.

이에 대한 구체적인 예들은 어렵지 않게 찾아볼 수 있다. 자정이 되면 어둠 속에서 움직이기 시작하는 인형들이 있다 치자. 동화나 어린이들의 세계에서라면 신나고 즐거운 일이겠지만 어른의 세계에서라면 그것은 공포나 경악의 대상일 것이다. 또 모든 사물들에 영혼이 있다는 생각은 고대 세계에서 지역을 초월해 드러나는 일반적인 현상이었다. 하지만 지금 우리 시대에 나무가 사람의 말을 하고 바위도 생명이 있어 숨을 쉬고 있다면 어떨까. 한쪽에서는 친근한 것이 다른 쪽에서는 섬뜩한 것으로 다가오고 있는 것이다. 그것은 동화와 공포물의 차이라고 해도 좋겠다. 'un-'이라는 억압의 표지가 그 두 세계 사이에 놓여 있는 것이다.

마르쿠제에게 있어 예술의 세계, 상상력과 환상의 세계는 무엇보다도 억압된 것의 회귀가 이루어지는 장이었다. 한 개인의 차원에서도 인류 역사의 차원에서도 그러했다. 그래서 그에게 예술적 상상은 실패한 해방과 배반당한 약속에 관한 집단적인 무의식의 기억을 살려내고 억눌러버린 유토피아의 꿈을 회귀케 하며, 나아가 리비도의 확대에서 생기는 억압 없는 승화의 가능성과 해방된 에로스의 자유를 깃들이게 할 수 있는 장으로 간주되었다. 그는 초현실주의와 무조음악을 예시하며 예술적 상상력의 의미에 대해 역설했다. 그것은 일차적으로 과잉억압과 현실의 부자유에 대한 저항이자 비판을 지칭하고 있지만, 종국에는 이성과 행복, 자연과 인간, 삶과 죽음의 화해가 이루어지는 세계의 의미를 지닌다. 그런 세계를 향한 열망은 인류의 역사 속에서 자주 꺾이고 억눌리곤 했다. 하지만 그런 실패와 억압의 기억은 집단적 무의식을 통해 예술적 상상력 속으로 되돌아온다. 때로는 친근하고 익숙한 모습으로 때로는 매우 그로테스크하게 일그러지고 훼손된 모습으로, 섬뜩함으로.

CHAPTER 10

그리스비극에서 솟아나온
개념들

디오니소스적인 것과 아폴론적인 것

디오니소스와 아폴론은 그리스신화에 등장하는 신들의 이름이다. 니체는 이 두 신을 그리스비극의 특징을 분석하는 데 동원함으로써 예술의 특징을 지칭하는 두 개의 상징으로 만들었다. 그는 아폴론과 디오니소스의 차이를 꿈과 도취의 차이로 구별했다. 꿈은 아폴론적 예술이 지니고 있는 조형적 특성을 표상한다. 여기에서 중요한 것은 형상을 만들어내기 위해서 필요한 덕목들이다. 중용과 절도, 평정, 자기의식 등이 그것이다. 델포이의 아폴론 신전에 걸려 있는, 소크라테스에 의해 유명해진 "너 자신을 알라"라는 모토가 이들을 대표한다. 형상예술이 지니고 있는 조형적인 속성을 일컬어 니체는 아폴론적인 것이라고 불렀다. 이에 비해 디오니소스를 지칭하는 도취라는 말은 무정형적이고 비형상적이라는 점에서 아폴론적인 것과 정반대의 힘을 상징한다. 디오니소스가 대표하는 덕목은 과도함과 망아忘我, 도를 넘어선 성적 방종, 고통스러운 쾌락 등이다. 디오니소스의 마법의 음료(포도주)가 흘러넘치는 곳에서 사람들은 무아지경의 황홀감에 빠지고, 고통스러운 쾌락의 도가니 속에서 사람들은 서로 간의 일체감을 확인한다. 여기에는 단지 사람들 사이의 유대감뿐 아니라, 사람과 자연 사이의 일체감도 포함되어 있다. 술 취하면 누구하고나 얼싸안고 개나 나무와, 심지어는 전봇대와 이야기하는 사람도 있지 않은가. 이런 디오니소스적인 힘의 예술적 표현은 비형상적인 예술, 추상적인 의지 자체를 표현하는 예술로서의 음악이다.

니체는 이 두 개의 힘이 결합함으로써 그리스비극이 생겨났다고 했다. 무대에서 펼쳐지는 이야기의 줄거리는 아폴론적인 형상예술에 해당되고, 그리스비극 전체를 감싸 안는 코러스는 디오니소스적인 비형상예술에 해당된다. 아폴론적인 이야기문학과 디오니소스적인 음악이 결합함으로써 비극이 탄생했다는 것이다. 비극이라는 양식 속에서 이 두 요소는 정반대되는 힘이면서도 서로 보완적인 형태로 결합되어 있다. 아폴론적인 힘은 절도 있는 개인주의를 향해 나아가기 때문에 이것이 극단화되면 철저하게 계산적이고 이기적인 개별자들의 세계에 도달한다. 또 디오니소스적인 힘은 타자들 사이의 유대감이 강조되는 집단주의적인 것이므로 이것이 극단화되면 개체성을 초월한 탈혼망아脫魂忘我의 거대한 심연에 이르게 된다. 이 두 개의 힘은 서사와 음악이라는 형태로 비극 속에서 결합되는데, 여기에서 서사가 지니고 있는 절도는 음악에 내재되어 있는 디오니소스적인 힘 곧 허무에의 의지를 제어하고, 또 음악은 신화적인 서사에 형이상학적 의의를 부여함으로써 한 개인이 처한 비극적 고통을 한 집단이 공유할 수 있는 정서로 고양시킨다. 그리스비극을 매개로 하여 만들어진 이 두 개의 개념은 이처럼, 그 자체는 대조적이면서도 기능적으로는 서로 보완적인 위치에 놓여 있다. 니체에게 그리스비극은 이 두 힘이 서로를 견제하며 고도로 조화된 상태에서 생겨난 예술적 정화였다.

디오니소스적인 것과 소크라테스적인 것

니체는 그리스의 신 디오니소스에 대해 각별한 의미를 부여했다. 이는 일차적으로 디오니소스라는 신이 지니고 있는 독특한 성격 때문이었다. 디오니소스는 그리스신화에서 매우 비중 있는 신이면서도, 올림포스 산에 사는 그리스의 다른 주신들과는 구별되는 독특한 성격을 지니고 있다. 현재의 신이 아니라, 구원을 약속하는 미래의 신이라는 점에서 그러하다. 디오니소스는 하늘을 상징하는 최고신 제우스와 땅(데메테르 혹은 세멜레)의 결합에 의해 태어난 것으로 되어 있고, 헤라의 질투를 받아 어린 시절 온몸이 갈기갈기 찢겼으나, 심장만은 제우스에게 무사히 수습되어 다시 살아난 존재로 그려진다. 현재는 미치광이가 되어 반인반수의 사티로스 등의 무리와 함께 북아프리카와 소아시아 일대를 방랑하고 있으나, 그가 그리스 땅으로 다시 돌아오는 날에는 새로운 세상이

열릴 것이라는 믿음의 대상이기도 했다. 그래서 훗날 19세기 유럽의 낭만주의자들에 의해서는, 미치광이 신, 포도주의 신, 부활한 신으로서 디오니소스가 예수와 동일한 이미지로 부각되기도 했다.

니체는 자신의 첫 저서 『비극의 탄생』에서 이런 디오니소스의 모습을 근대에 대한 비판자의 형상으로 정립했다. 그리스비극을 매개로 했을 때 디오니소스는 아폴론과 대조적인 위상을 지니지만, 책 전체를 보았을 때 이 둘은 비극의 탄생을 위한 협력적 파트너십을 지니고 있으며, 진짜 대립관계는 디오니소스와 소크라테스 사이에서 형성된다.

니체는 그리스비극의 몰락 과정에 대해 기술하면서, 그 이유에 대해 비극에서 디오니소스적인 요소, 즉 음악(비극에 등장하는 코러스)의 기능이 현저하게 위축되기 시작하면서부터였다고 했다. 음악이 힘을 잃으면서 그리스비극의 몰락이 시작되었다는 것이다. 이것은 아테네의 비극작가 에우리피데스에 의해 새로운 작풍의 비극이 등장했던 것과 동시의 일로서, 음악적 요소가 사라지는 것이란 인간의 운명이 지니고 있는 형이상학적 의미가 사라지는 것과 마찬가지가 된다. 에우리피데스의 극은 그 이전의 비극이 지니고 있던 인간의 운명적 한계에 대한 탄식 대신에, 인간의 삶을 논리로서 이해하고 접근해보고자 하는 태도를 지니고 있는데, 바로 이것이 문제였다는 것이다.

이런 경향을 일컬어 니체는, 에우리피데스와 동시대인이었던 철학자의 이름을 빌려 소크라테스적인 것이라고 불렀다. 논리와 이성으로 모든 문제를 해결할 수 있다고 생각하는 경향을 소크라테스적인 것이라 불렀던 것인데, 니체는 또한 이런 태도를 '이론적 세계관'이라 지칭했고 그에 맞서는 개념으로서 디오니소스로 상징되는 '비극적 세계관'을 내세웠다. 비극적 인간이 주어진 삶의 진리 속에서 행복해하는 인간이라면, 진리를 찾아 헤매다 눈이 멀어버린 인간이 이론적 인간의 원형이다. 진리를 위해 목숨까지 바치는 소크라테스의 행위는 니체를 몸서리치게 했다. 일체의 모순적인 것을 배제하고 투명한 진리를 향해 가는 소크라테스적인 변증법 대신에, 니체는 부조화스럽고 모순적인 요소들을 품어 안고 함께 가는, 숭고하여 아름다울 수 있는 비극의 세계를 제시했던 것이다.

니체는 소크라테스가 이솝우화를 제외하면 어떤 예술도 이해하지 못했던 사람이었다고 했다. 청년 비극작가였던 플라톤이 소크라테스의 제자가 되기 위해 가장 먼저 해야 했던 일은 자기 작품을 태워버리는 것이었다고 덧붙여놓았다. 비극을 내세움으로써 행해지는 니체의 소크라테스 비판은, 사실은 우리가 살고 있는 근대라는 시대에 대한 비판이기도 하다. 근대는 인간의 인식능력으로서의 이성 개념에 기초해서만 성립된 세계이다. 그런 점에서 근대인으로서의 우리 대부분은 디오니소스의 사도가 아니라 소크라테스의 제자들이기 때문이다.

기계장치의 신deus ex machina

니체는 그리스비극을 종말에 이르게 한 에우리피데스의 비극에 대해 비판하면서 "악명 높은 기계장치의 신"이라는 표현을 쓴다. 그에 의하면, 에우리피데스의 시대에서부터는 비극에서 음악(인간의 운명에 대한 공감과 탄식)이 추방되고 그 대신에 논리적인 변론과 수사학으로 이루어지는 언어들이 들어서는데, 이로 인해 비극 자체가 지니고 있는 불협화음(왜 저렇게 위대한 인간인 오이디푸스가 아버지를 죽이고 어머니와 결혼하는 기구한 운명에 빠지게 되었는가)은 형이상학적 위로(이유는 알 수 없다. 오로지 신의 뜻일 뿐이다. 오이디푸스보다 훨씬 못한 존재들인 우리의 삶이야 말해 무엇하랴!)를 얻지 못하고, 논리적 해결을 통해 현세적인 위안을 얻게 되기에 이른다. 니체는 에우리피데스가 이를 위해 극의 끄트머리에 기중기 같은 장치를 통해 하늘에서 내려오는 신을 등장시켜 극을 마무리짓곤 했음을 지적하고, 이를 기계장치의 신이라고 비판했다.

이 말은 아리스토텔레스의 비극론인 『시학』에 등장했던 말이기도 했다. 비극은 그 자체의 필연성과 개연성에 입각해야 하며 기계장치와 같은 외부적인 것의 개입에 의존해서는 안 된다는 뜻으로 구사되었다. 요컨대 아리스토텔레스는 사건의 해결이 플롯에 입각하여 내부적으로 해결되어야 한다는 것을 강조하기 위해 이 말을 썼는데 니체는 거기에 덧붙여, 모든 것을 현실논리로 해결하려 해서는 안 된다는 뜻을 추가해놓은 것이다. 작가 윤대녕이 「소는 여관으로 들어온다 가끔」에서 "더이상 알려고 하지 말아라, 누구나 먼 것이 있어야만 산다"라고 했던 것도 동일한 맥락에 입각해 있다. 물론 알 수 있는 데까지는 끝까지 추급해야 한다. 그리고 그 나머지에 대해서는 저 기계장치의 신과 같은 태도를 취해서는 안 된다는 것, 부조리와 불합리성을 모두 척결하려 해서는 안 된다는 것, 우리가 운명 속에서 종종 발견하게 되는 그 어떤 심연을 성급하게 메우려 해서는 안 된다는 것, 그것이 에우리피데스의 새로운 비극(또한 동시에 근대에 시작된 음악극의 세계관)을 비판하는 니체의 메시지다.

미메시스^{mimesis}와 디에게시스^{diegesis}

이야기를 하는 방식에는 두 가지가 있다. 하나는 그 상황을 재현해서 보여주는 것, 다른 하나는 있었던 일을 말로 설명해주는 것. 모방을 뜻하는 미메시스와 서술이라는 의미의 디에게시스가 각각 이 둘에 해당된다. 미메시스는 연극이나 그림처럼 대상을 묘사하고 재현하는 방식이고, 디에게시스는 이야기의 대상을 작중인물의 대사나 해설을 통해 전달하는 것이다.

이 두 개의 그리스 단어는 플라톤과 아리스토텔레스의 책에 등장함으로써 유명해졌다. 플라톤이 자기가 구상한 이상적인 공화국에서 시인(이 경우 시인이란 넓은 의미에서 예술가를 뜻한다)을 추방하겠다고 한 것은 유명한 일화이다. 그의 논리에 따르면, 우리가 감각으로 인식하는 세상은 그 뒤편에 존재하는 이상적인 진짜 세계(그는 이를 이데아의 세계라고 부른다)를 흉내낸 것(미메시스한 것)에 불과하다. 진짜 세계를 모르고 눈에 보이는 세계만 전부인 줄 알고 사는 것도 한심한 일인데, 예술 작품이랍시고 그런 세계와 삶을 모방하면서 사는 시인(예술가)들이란 이중으로 하찮은 존재일 수밖에 없다. 이런 논리 속에서 미메시스란 '광대짓'이라는 말과 어감이 비슷한 수준 낮은 것이 된다.

그러나 아리스토텔레스에 의하면 사정은 정반대로 바뀐다. 그는 미메시스에 입각한 허구로서의 시(예술)가 사실에 입각한 역사보다 훨씬 중요하다고 했다. 사실로서의 역사는 개별적인 것, 이미 발생한 어떤 특정한 사안에 대해 말할 수 있을 뿐이지만, 허구로서의 시(예술)는 발생할 수 있는 보편적인 것에 대해 언급할 수 있기 때문이다. 이와 함께 미메시스라는 개념의 위상도 달라진다. 미메시스는 인간 본성에 내재한 것으로서 실제로는 불쾌하거나 흉한 대상도 미메시스의 대상이 되면 쾌감을 산출하게 되는, 말하자면 고상하고 교육적인 의미의 예술적 창조력과 같은 의미를 지니게 되는 것이다.

아리스토텔레스의 이런 논리 이후로 미메시스라는 개념은 예술이 지니고 있는 창조적 재현력의 의미로 구사되었고, 20세기에 들어선 이후로 독일의 비평가 아도르노Theodor W. Adorno, 1903~1969에 의해서는 예술의 본질이라는 의미로까지 격상된다. 합리성과 자본주의가 지배하는 근대사회 속에서 예술은 어떻게 살아남아야 할 것인가. 이런 질문에 대해 아도르노는 예술작품이 현실적 위력인 합리성과 함께, 그에 맞서는 미메시스적 힘을 보유함으로써만 의미 있는 것일 수 있다고 했다. 여기에서 미메시스적 힘이란 근대적 가치 질서에 의해 추방당한 것(자연이나 비합리성 등)들을 포착하고 품어 안는 힘, 즉 근대성의 타자와 동화되는 힘을 뜻한다. 미메시스란 단지 어떤 대상을 모방하고 흉내내는 힘일 뿐 아니라 그 모방의 행위를 통해서, 마치 공수를 받는 무당처럼 모방의 대상과 일체화되는 힘인 것이다. 예술이란 이런 미메시스적 계기를 자기 안에 간직하고 있을 때에만, 자본주의와 합리성의 전일적 지배로부터 스스로를 구원할 수 있다는 것이 아도르노의 논리이다.

플라톤이 미메시스와 맞짝 개념으로 썼던 디에게시스라는 말도 20세기 후반에 들어 새로운 방식으로 부활했다. 소설이나 극영화 등을 포괄하여 이야기문학을 대상으로 하는 서사학에서, 디에게시스는 단순히 서술이라는 좁은 의미에서 벗어나 이야기를 전달하는 기법들을 포함하여 서술된 이야기 자체를 뜻하는 것으로 새롭게 정의된다. 이런 개념에 따르면, 디에게시스는 미메시스적인 것으로 간주되었던 묘사나 재현까지도 포괄할 수 있다. 이를테면, 객관적인 삼인칭으로 묘사된 것(즉, 미메시스된 것)이라고 하더라도 결국 그 묘사를 하고 있는 사람(누군지 알 수 없는 중립적인 인격이든 작가 자신이든 간에)은 있기 마련이고, 그 입의 주인이 하는 말이라는 점에서는 묘사든 서술이든 모두 디에게시스에 해당되는 것이다.

이런 논리는 언어학과 기호학에서 개발된 논리에 힘입은 것으로서 서사문학에 대한 좀더 심도 있는 분석과 사유를 가능케 해준다. 삼인칭의 객관적 시점으로 포착된 장면이라 하더라도, 그것이 미메시스가 아니라 디에게시스로 간주된다면 거기에 존재하는 추상적이고 객관적이며 투명한 모습은 단지 외관에 불과할 뿐이고, 그 시선의 진짜 주인은 그 겉모습 뒤의 어딘가에, 작가 자신도 모르는 영역에 숨겨져 있는 셈이다. 예를 들어, 한 여자가 혼자 길을 가는 장면이 화면에 잡힌다. 여기까지는 삼인칭의 투명한 시점이다. 그런데 화면이 슬쩍 움직이거나 거친 숨소리가 들림으로써 카메라 뒤에 누군가가 있음이 드러난다면, 미메시스였던 것이 디에게시스로 전환되고 있는 것이다. 그래서 독자는 그 시선의 진짜 주인이 누군지에 대해 질문할 수 있게 되고, 이런 질문으로 인해 이야기를 만들어내고 있는 다양한 시선의 몽타주가 드러날 수 있으며, 그로 인해 독자는 이야기로부터 훨씬 더 풍부한 의미를 건져낼 수 있게 되는 것이다.

신화, 전설, 민담

신화를 어떻게 정의할 수 있을까. 신들이 등장하는 이야기? 그렇다면 오늘날 어떤 작가가 옛날의 신들을 등장시켜 이야기를 만든다면 신화가 될까. 그렇다고 하기는 어렵다. 단순히 신이 등장한다고 해서 신화가 되는 것은 아니다. 어떤 모습으로 어떻게 등장하는지가 중요하다. 지금 우리 시대에도 신화가 있는가. 있다면 어떤 것일까. 아마도 증권계의 귀재라는 워런 버핏의 성공담, 또는 맨손으로 시작해서 재벌그룹을 만들어낸 정주영의 이야기 같은 것이 우리 시대의 신화가 아닐까. 그렇다면 이야기가 신화가 되기 위해 필요한 조건은 무엇인가.

신화란 단순히 신이 등장하는 이야기가 아니라, 수용자들에 의해 신성시되는 이야기를 뜻한다. 신이라는 개념 자체도 마찬가지다. 아무리 초자연적인 힘을 지니고 있다 하더라도 그 힘을 성스럽게 생각하는 숭배자가 없고 그 신이 다스릴 영토가 없다면 악마나 도깨비 같은 잡귀에 불과할 뿐이다. 이런 점에서 보자면 그리스신화 같은 고대의 신화들은 이미 신화일 수 없다. 구비문학으로서, 단지 한때 신화였던 이야기일 뿐이다.

전설이나 민담이라는 개념도 이와 같은 방식으로 정의될 수 있다. 전설은 신화보다는 못하지만 사람들이 상당히 신빙성 있는 이야기로 생각했던, 그래서 많은 경우 증거물이 남아 있는 이야기를 뜻한다. 민담은 신화도 전설도 아닌 것, 즉 이야기하는 사람이나 듣는 사람이나 모두 꾸며낸 이야기라는 것을 알고 있는 이야기이다.

구비전승된 설화문학의 갈래들인 신화, 전설, 민담은 이렇게 구분될 수 있다. 이 셋을 구분케 해주는 힘은 이야기 자체의 본성이 아니라 그것을 받아들이는 수용자들에게 주어져 있다. 어떤 신화도 영원한 것일 수는 없다. 또 모두에게 신화인 것이 그 모두에 속하지 않는 어떤 한 사람에게는 허무맹랑한 바보 같은 이야기일 수도 있다. 그 반대의 경우도 마찬가지다.

CHAPTER 11

소설,
근대가 쏘아올린 별

전통적으로 문학의 장르는 크게 서정과 서사와 극으로 삼분된다. 소설은 이중에서 서사 장르에 속하는 것으로 근대라는 새로운 시대의 형성과 밀접하게 연관되어 있다. 따라서 소설의 본질과 성격에 대한 질문은 단순히 하나의 문학 장르에 대한 물음일 뿐아니라, 그것을 만들어낸 시대의 성격, 즉 근대성에 대한 질문으로 연결된다. 헝가리 출신의 문학평론가 루카치가 쓴 에세이 『소설의 이론』(1916)은 이런 질문에 대한 모범적인 대답의 자리를 차지하고 있다. 루카치는 이 책 한 권으로 일약 국제적인 명성을 얻게 되었고, 이 책을 통해 그가 제시한 것은 지금도 근대적 장르로서의 소설의 성격에 대한 물음에 기본적인 안내자 역할을 하고 있다.

여기에서 유의해야 할 것은 유럽의 여러 언어권에서 사용되는 '소설'이라는 명칭에 관한 것이다. 한국어에서 소설은 단편과 중장

편을 통칭하는 단어이지만, 영어의 novel이나 독일어의 Roman, 프랑스어의 roman 등은 모두 장편소설만을 지칭한다. 단편소설은 short story나 Novelle 등으로 달리 불린다. 따라서 여기에서 사용되는 소설이라는 말은 기본적으로 장편소설만을 지칭하는 것이며, 루카치의 책 제목도 정확하게는 '장편소설의 이론'인 것이다.

루카치의 별과 칸트의 별

루카치의 『소설의 이론』의 초두는 별이 빛나는 하늘에 대한 이야기로 시작한다. 매우 유명한 그 첫 문장은 다음과 같다. "별이 빛나는 하늘을 보면서 갈 수 있고 또 가야 할 길의 지도를 읽을 수 있던 시대는 얼마나 행복했던가." 밤하늘의 성좌가 지도의 역할을 하던 시대란 어떤 시대인가. 나침반이 없던 시대라고 쉽게 답할 수 있다. 그런데 그 시대가 행복했다는 것은 무엇 때문인가.

여기에서 주목해야 할 것은, 밤하늘의 별자리가 가르쳐주는 길이란 단순히 지도상의 방위만을 뜻하는 것이 아니라는 것, 즉 인간이 걸어야 할 삶의 길이기도 하다는 것이다. 루카치는 이런 사정을 일컬어 "하늘의 별빛과 내면의 불꽃이 완전히 동일한 시대였다"고 표현했다. 하늘의 별빛이란 천상의 질서, 즉 초월적인 존재로서의 신의 뜻을 표상하고, 내면의 불꽃이란 그 뜻을 향해 나아가고자 하는 인간의 의지를 뜻한다. 루카치의 이런 표현은 고대 그리스의 문화를 염두에 둔 것으로, 형이상학과 우주론과 윤리학이 하나로 결합되어 있는 상태를 뜻한다. 아리스토텔레스의 우주관과 자연관은 단순한 물리학의 차원에 그치는 것이 아니며, 그 자체로 세계 속에 존재하는 신적인 원리(이를 로고스라 불렀다)의 완전성을 표상하는 것이기도 했다. 인간의 운명이란 그를 지상으로 내려보낸 로고스의 섭리에 의해 결정되어 있고, 사람들은 점성술이나 신탁을 통해 그 뜻에 접근할 수 있었다. 그러니 어떻게 살아야 하는가에 대한 대답도 이미 결정되어 있는 것이나 다름없다. 로고스의 섭리에 따라 사는 것이 그 대답인 것이다. 이처럼 인간의 세계와 신의 세계가 완벽하게 하나의 질서로 통합되어 있는 상태, 그 사이에 어떤 균열도 없이 천상과 지상이 하나의 원으로 온전히 이어진 상태를 루카치는 완결성, 총체성 등으로 표현했고, 그런 상태가 구현되어 있는 세계를 '서사시의 시대'라고 불렀다.

루카치가 파악하는 그리스 세계는 세 개의 시대로 구분된다. 첫째, 총체성이 구현되어 있는 서사시의 시대이다. 호메로스의 『일리아드』와 『오디세이아』에서는 신과 인간이 하나로 얽혀 있다. 사람들이 그리스와 트로이 두 패로 나뉘어 전쟁을 벌일 때 올림푸스의 신들도 두 패로 나뉘어 싸움에 끼어든다. 인간의 모습을 하고 전쟁터에 뛰어들어 활을 쏘고 창을 던지며 인간과 함께 나뒹구는 것이다. 둘째는 비극의 시대로, 소포클레스나 에우리피데스 등의 비극에서는 이런 총체성이 흔들려 신과 인간의 세계가 나뉘어진다. 하지만 그 두 세계는 완전히 분열된 것은 아니어서 신탁이라는 매우 연약한 통로를 통해 이어져 있다. 비극에서 신은 인간의 행위에 구체적으로 개입하지 않은 채, 신탁이라는 통로를 통해서만 자신의 뜻을 전달하는 존재로 변모한다. 셋째, 플라톤으로 대표되는 철학의 시대이다. 이 시대는 이미 계몽된 세계여서 신탁 같은 것은 신뢰할 수 없게 되었다. 신과 인간의 세계가 완전히 단절됨으로써 신의 세계는 인격적 성격을 상실하여 '이데아'라는 추상성의 세계로 바뀐다. 천상의 세계와 지상의 세계는 그 사이에 어떤 통로도 존재할 수 없는, 절대적으로 단절된 세계가 되었다. 철학의 시대는 말하자면 계몽된 그리스 세계이자 그리스의 근대 세계였던 셈이다.

이 세번째 세계에 대하여 루카치는 "별이 빛나는 칸트의 하늘"이라는 표현을 썼다. 물론 칸트는 플라톤의 시대로부터 이천 년이 훨씬 더 지난 근대세계의 인물이다. 그가 쓴 세 권의 주저主著『순수이성비판』『실천이성비판』『판단력비판』은 각각 과학과 윤리와 예술의 세계를 다룬 것이다. 근대적 질서 속에서 이 세 세계의 진리를 표상하는 진선미는 자기의 독자적인 원리와 영역을 지니고 있다. 과학적 진리와 윤리적 선과 예술적 아름다움은, 근대 이전의 질서 속에서는 하나로 결합되어 있었다. 진리는 선하고 아름다운 것이며, 윤리적 선이라야 아름다울 수 있는 세계였던 것이다. 그러나 근대가 열린 이후로 진·선·미는 서로 개입할 수 없는 독자적 세계가 되었다. 약육강식과 적자생존의 법칙이 지배하는 동물 왕국의 원리로서 진화론은 과학적 진리일 수는 있으되 윤리적이거나 아름다운 것일 수는 없다. 반면 예술적인 아름다움은 사실이 아니라 허구로부터, 가령 보들레르의 시집『악의 꽃』이 표상하듯 오히려 비윤리성으로부터 도출될 수도 있는 세계가 곧 칸트적인 삼분

법의 세계, 근대의 세계이다. 칸트가 제시한 윤리적 강령 역시 신의 섭리와는 무관한 곳에서, 절대적 주관성과 내면성 속에서 도출된다. 양심의 존재가 곧 그것이다. 칸트는 그런 사정을 일컬어, "내 머리 위의 별이 빛나는 하늘과 내 마음속의 도덕법칙"이라고 했다. 그럼에도 칸트의 별은 단 한 명의 고독한 방랑자의 길도 밝혀주지 못한다고 루카치는 썼다. 이것은 로고스의 섭리가 존재하지 않는 절대적 소외 상태를 자신의 운명으로 받아들여야 하는 근대인의 존재 조건을 지칭하는 것이다.

이와 같은 방식으로 루카치의 '행복한 시대의 별'과 칸트의 '소외된 시대의 별'은 구분된다. 루카치의 별이 총체성을 간직하고 있는 그리스 시대, 좀더 정확하게는 서사시의 시대가 쏘아올린 별이라면, 칸트의 별은 이제 몰락해버린 로고스의 잔해 위에서 스스로 운명의 별을 찾아나서야 하는 근대성을 표상한다. 그리스의 별을 대체하고 나선 칸트의 별, 이 새로운 시대의 대표적인 예술 장르로 존재하는 것이 곧 소설이다.

소설의 내적 형식: 문제적 개인과 우연적 세계

루카치는 소설의 본질을 파악함에 있어 내적 형식이라는 말을 썼다. 보통 형식이라는 말은 내용에 비해 덜 중요한 것으로, 마치 음식을 담는 그릇 정도로 취급되곤 한다. 그러나 오랜 세월에 걸쳐 다져진 틀로서의 형식은 그 자체가 내용이라 할 만큼 중요한 의미를 지닌다. 시조와 같은 정형시의 형태에서 그 예를 찾아볼 수 있듯이, 하나의 형식에는 그것을 만들어낸 시대의 정신이 압축되고 요약된 모습으로 스며들어 있기 때문이다. 이런 점에서 형식은 수정처럼 단단하게 다져진 내용이라 할 수 있다. 하지만 소설에서는 이런 의미의 형식이라 할 만한 것을 찾기가 어렵다. 소설이라는 장르 자체가 근대에 들어 형성된 것이면서 또한 다양한 산문 장르들을 포괄함으로써 이루어진 것이기 때문에, 정해진 형식이 없을뿐더러 현재에도 여전히 변화하고 있는 살아 있는 장르이다. 소설의 형식은 사람의 삶에 관한 이야기라는 뜻에서 전기傳記 정도로 규정될 수 있을 것이다. 그래서 루카치는 소설의 본질에 대해 언급하면서 내적 형식이라는 말을 썼다.

루카치는 소설의 내적 형식에 대해, "문제적 개인이 자기 자신을 찾아가는 여행"이라고 했다. 여기에서 문제적 개인이란 자기의 영혼과 세계의 질서 사이에서 부조화를 발견하고 그로 인해 갈등하는 주인공을 뜻한다. 문제적 개인과 쌍을 이루는 개념이 우연적 세계이다. 우연적 세계란 필연적 세계, 곧 신의 뜻에 의해 충만해 있는 세계와 반대되는 것으로서, 한 개인에게는 무의미하고 불합리하여 극복해야만 할 대상으로 나타나는 세계가 곧 우연적 세계인 것이다. 자기 자신이 그런 세계 한복판에 내던져져 있음을 발견하는 순간 그 사람은 문제적 개인이 된다. 자신의 현실과 당위적 이상 사이에 가로놓여 있는 간극 속에서 자기 삶의 의미를 찾아나가고자 하는 사람, 그 속에서 자기 자신이 누구인지를 알고자 하는 사람이 곧 문제적 개인이다. 내가 누구인지, 어떻게 살아야 제대로 사는 것인지 몰라서 어쩔 줄 몰라할 때, 그는 문제적 인물이다. 루카치는 소설의 형식에 대해 언급하면서 "길이 시작되자 여행이 끝났다"라는 표현을 썼다. 이는 곧 그 여행이 길을 찾기 위한 것이었음을 뜻하는 것으로, 소설이 아직도 변화중인 살아 있는 장르임을 지칭하는 것이다. 하지만 이 말은 또한 문제적 개인이 우연적 세계 속에서 자기 인식을 향해 나아가는 여행, 곧 소설의 내적 형식을 지칭하는 것으로 읽을 수도 있다.

헤겔은 근대적 서사 양식으로서의 소설을 일컬어 "부르주아 시대의 서사시"라는 표현을 썼다. 이를 변용하여 루카치는 소설을 "신에게 버림받은 세계의 서사시"라고 불렀다. 소설은 장편 서사의 양식이라는 점에서 서사시의 후예이지만, 그리스 서사시가 지니고 있던 총체성과 완결성을 더이상 지니지 못하고 있는 세계의 산물이라는 점에서 서사시와 구분된다. 우연적 세계와 문제적 개인은 소설의 그런 속성을 지칭하는 개념쌍이다.

마성적인 것과 아이러니

소설은 성숙한 어른의 형식이라는 점에서 서사시와 구분된다. 서사시의 주인공들은 신들의 보호 아래 있다는 점에서 어린아이와도 같은 존재들이다. 그러나 보호자로서의 신들이 더이상 존재할 수 없다는 것을 깨닫고, 자기 자신의 이상을 지니고 세계 속으로 뛰어드는 소설의 주인공들은 그런 어린아이일 수 없다. 그렇다고 자신의 이상을 고스란히 세상 속에서 실현할 수 있다고 믿는 순진한 청춘 또한 소설적 시선의 주인공일 수 없다. 그런 청춘의 주인공은 어른보다는 아이에 가깝다. 완강하게 자리잡고 있는 세계 속에서 자신의 생각과 믿음이 세계의 질서와 부딪쳐서 깨지는 것을 확인하고, 그 과정에서 자기 자신과 세계에 대한 새로운 지혜와 통찰에 이르는 주인공이 곧 소설의 형식이 요구하는 성숙성의 표상이다. 그런 인물의 심리에 대해 루카치는 '마성적'이라는 표현을 썼다.

마성적 존재demon들은 초인적인 위력을 지니고 있지만 자신의 왕국과 숭배자들을 지니지 못하고 있다는 점에서 신이 아니다. 또한 사탄처럼 악의 화신이 아니라는 점에서 악마도 아니다. 한때는 신이었으나 자기 영역을 잃어버리고 인간이 되지도 못한 채 배회하는 존재들, 신과 악마의 중간에 혹은 신과 인간의 중간에 가로놓여 있는 존재들이 곧 마성적 존재들인 것이다. 현실 세계의 완강한 질서에 의해 패배당하여 무력화된 고상한 존재, 즉 연약한 신성으로서의 마성적인 것은, 기성 질서에 반하여 자신의 이상을 실현하고자 하는, 승리에 대한 확신은 없지만 그렇다고 세계의 현재 상태에 안주할 수도 없다고 생각하는 소설의 주인공, 곧 문제적 개인의 심리를 상징한다.

현실과의 대결에서 바로 이와 같은 처지에 이른 상태를 루카치는 아이러니irony라고 했다. 아이러니는 통상 자기 속마음과는 반대로 말을 함으로써 본뜻을 강조하는 반어verbal irony("나보기가 역겨워/ 가실 때에는/ 죽어도 아니 눈물 흘리우리다"), 오이디푸스처럼 자신의 의도와는 상관없이 진퇴양난의 처지에 빠져버린 극적 아이러니^{dramatic irony} 등으로 구분된다. 어떤 것이건, 아이러니는 두 대상 사이의 불일치를 기본적인 동력으로 삼는다. 소설의 형식으로서의 아이러니도 주체의 의지와 세계의 상태 사이의 불일치와 불화를 기본항으로 삼고 있다는 점에서 이들과 일치한다. 주인공이 자기의 의도를 세계 안에 고스란히 실현하는 이야기가 있다면 그것은 소설이 아니라 서사시나 민담 같은 다른 어떤 것이 될 것이다. 반대로 세계의 문제성을 알고 있으면서도 싸우기를 포기해버린다면 이 역시 결과는 마찬가지다. 세계의 위력과 그에 맞서는 자기 자신의 상대적인 무력감을 정확하게 인식하고 있으면서도 싸움을 포기할 수 없다는 것, 그것이 곧 소설 주인공의 심리이자 소설적 아이러니의 내용이다. 비록 승리를 얻지 못한다 하더라도 패배의 경험을 통해 열리는 새로운 세상이 있다. 그것이 곧 소설이라는 이야기 형식의 한복판에 존재하는 것이다.

이런 양상의 아이러니를 루카치는, 자기 인식과 자기 지양의 복합체라고 했고, 제2의 자연으로 존재하는 현실 세계(기성의 제도와 관습의 세계)와 그에 맞서는 제1의 자연(인간의 본성의 세계)의 대립, 혹은 세계 속에 존재하는 기성의 윤리와 창조적 개인의 윤리 사이의 갈등이라고도 했다. 그래서 루카치는 다른 예술 형식과는 달리 윤리적 주체가 소설의 필수적인 구성 요소라고 했다. 이 경우 윤리적 주체는 도덕적이고 착하게 사는 인물이라는 뜻이 아니라, 그 반대로 기성의 도덕과 불화하고 그에 대항함으로써 자기의 본성에 대한 성숙한 통찰과 지혜에 이르게 되는 인물이라는 뜻이다.

윤리가 그 자체로 미학일 수 있는 장르, 그것이 곧 근대의 산물로서의 소설인 것이다.

CHAPTER 12

우리가 사는 세계의 질서

근대성modernity과 국민국가nation-state

근대성은 modernity의 번역어로서 현대성이라 번역되기도 한다. the modern의 번역어로는 근대와 현대가 동시에 사용되고 있다. 현대라는 말은 지금 우리의 시대라는 뜻으로, 동시대나 당대로 번역되곤 하는 the contemporary의 어감에 가깝고, 근대라는 말은 동시대를 포함하여, 전통사회 붕괴 이후 새롭게 생겨난 시대를 지칭하는 포괄적인 개념으로 사용된다. 현재성을 강조할 때는 현대라는 말이, 시대 구분의 역사성을 강조할 때는 근대라는 말이 좀더 선호되고 있다. 근대성(현대성)이라는 말은 근대라는 시대가 지니고 있는 본질이나 특성을 지칭하는 용어로서, 더러는 번역되지 않은 채 모더니티라는 말로 사용하기도 한다. 요컨대 근대성과 현대성, 모더니티는 모두 동일한 개념이다.

근대라는 시대의 규정에 대해서는 다양한 논의가 축적되어 있다. 크게 보아서 17세기 유럽에서 시작되어 전 세계적으로 확대된 삶의 양식을 근대적인 것이라 한다면, 그 기원을 이루는 사건으로는 르네상스와 종교개혁, 프랑스혁명, 산업혁명 등이 거론되곤 한다. 이에 따라, 근대적 시대의 특성으로서의 근대성은 정치나 경제, 철학과 문예 등의 차원에서 다양하게 규정될 수 있는데, 우선적으로 들 수 있는 요소는 정치적 형태로서의 국민국가와 경제적 형태로서의 자본제적 시장경제이다. 국민국가와 자본제적 시장경제는 모두 전통적인 왕조국가가 해체됨으로써 비로소 실질적인 힘으로 가시화되었다. 이를 가능케 한 상징적 사건으로는, 절대왕정을 붕괴시키고 국민주권의 개념을 최초로 확립한 프랑스혁명이 첫머리에 놓인다.

프랑스혁명의 삼대 기치로 일컬어지는 것은 자유liberty, 평등equality, 우애fraternity이다. 여기에서 자유란 자유시장의 자유, 곧 경제적 자유를 뜻한다. 자유시장이란 화폐와 계약을 통해 거래가 진행되는 공간으로서 그 어떤 신분적인 강제나 이념적인 강제도 통용되지 않는, 즉 어떤 경제 외적 강제도 통용되지 않는 공간이다. 왕의 돈과 평민의 돈과 노예의 돈이 차별받지 않으며, 누구라도 돈이 있어야 물건을 살 수 있고 빚을 지면 갚아야 하는 것이 자본제적 시장 질서이다. 경제 주체의 계약이 최고의 지위를 누리며 계약이나 거래에 임하는 사람들의 신분이나 지위는 아무런 힘도 발휘하지 못한다. 그곳이 자유시장이다. 여기에서 자유란 시장의 질서에 입각하여 물건을 사고팔고 자기 재산을 만들 수 있는 경제적 자유를 지칭하는 것이다.

평등은 보통선거제로 압축되는 정치적 권리의 평등을 뜻한다. 신분이나 재산이나 지적 수준에 무관하게 누구나 1인 1표의 권리를 행사할 수 있고 또 그 이상은 행사할 수 없으며, 그리고 그 결과에 대해서는 누구나 복종해야 하는 정치적 원리가 평등의 이념이다. 한 국가의 시민권자라면, 그 사람이 나라의 장래에 대해 걱정하는 우국지사이건 나라 일에는 아무 관심 없고 자기 재산만 생각하는 모리배이건 혹은 나라가 망하기를 바라는 사람이건 간에 똑같은 정치적 권리를 지닌다. 그것이 보통선거제로 표상되는 평등의 이념이다.

그리고 왕왕 오해되곤 하는 우애(혹은 박애)가 있다. 그것은 인류에 대한 사랑 같은 어떤 보편적이고 종교적인 개념과는 거리가 멀다. 그것은 혁명 일선에서 함께 목숨걸고 싸웠던 사람들이 공유하고 있던 정신적 자질과 일체감을 의미한다. 그러니까 우애라는 말에는 공동의 적을 향해 함께 총을 쏘고 칼을 휘두른 사람들 사이에서 빚어지는 전우애 같은 느낌, 짙은 피냄새가 배어 있다. 뜻 자체만으로 보자면 보편적 인류애 같은 것과는 정반대의 개념인 셈이다. 물론 동지적 유대감이 보편적 인류애로 나아갈 수 있지만 그것은 그다음의 일이다. 이 같은 의미의 우애는 자기가 속한 공동체에 대한 충성심과 소속감을 만들어주는 힘으로서, 국민국가를 형성하는 정신적 에너지의 원천이 된다. 국가대표팀의 승리를 함께 응원하는 사람들의 마음이 그것의 매우 순화된 형태이겠다.

국민국가라는 말은 국민과 국가의 결합에 의해 탄생했다. state로서의 국가는 현실적 실체로서의 권력을 뜻하며 군대와 관료조직이 그 구체적인 형태이다. 이에 비해 국민이라는 말은 nation의 번역어로서 국가를 구성하는 사람들이 공유하고 있는 정신적·정서적 자질이다. 이 둘의 결합으로 형성된 국민국가는 근대 이전의 왕조국가 체제와 대조적인 의미를 지닌다. 왕조국가에서 권력은 하늘로부터 그 권한을 점지받은 왕의 혈통에서 비롯하며(좀더 정확하게는 그렇다고 주장되며), 그 권력 아래서 사는 사람들은 국민이 아니라 신민으로 규정된다. 반면에 국민국가에서 권력의 원천은 하늘이 아니라 국민에게 있다. 국가권력의 담당자들은 국민의 뜻을 대행하여 집행하는 사람들이다.

nation이라는 말은 국민이라는 말 이외에도 민족이나 국가라는 말로 번역되기도 한다. 우리의 경우는 국민이라는 말보다는 민족이라는 말이 좀더 실감 있게 사용되고 있다. 20세기 초반 제국주의의 침탈과 20세기 후반부 이래로 지속되고 있는 분단 상황으로 인해 국가와 민족의 분리 상태를 경험하고 있기 때문이다. 한 국가의 구성원들이 공유하고 있는 정신적 자질로서의 민족(국민)의 개념은 혈통이나 언어, 문화적 동질성 등에 의해 형성된다고 하지만, 이 중 그 어떤 것도 핵심적인 요소라고 할 수 없다. 족보의 집합으로 구성되는 혈통이란 본디 믿을 수 없는 것(혈통의 순수성 같은 것은 누군가 주장할 수는 있겠으나 정확하게 증명하기는 어렵다. 순수하다고 주장하는 사람들은 다만 그렇다고 믿고 있을 뿐이다)이고, 언어나 문화적 동질성조차도 민족의 형성에서 핵심적인 요소는 아니다(스위스, 벨기에, 캐나다처럼 서로 다른 언어와 문화를 가지고도 한 국가의 성원으로 살아가는 사람들이 있다). 가장 중요한 것은 각각의 구성원들이 공유하고 있는 소속감이다. 그 소속감은 자신의 여권에 기입되어 있는 국적을 승인함으로써, 국가가 소속원에게 부여하는 의무를 이행하고 국가의 역사를 배워 역사적으로 형성되어온 동질감을 학습함으로써 만들어지는 어떤 것이다. 그러므로 국민국가의 형성에 있어 개인의 nationality(민족성, 국민성)를 확립하게 하는 힘으로서의 nationalism(민족주의, 국가주의)은 필수적인 것이 된다. 그것은 자기와 다른 것으로서의 외부를 규정하고 만들어냄으로써 거꾸로 자신에게만 고유한 것으로서의 민족(국민, nation)의 개념을 만들어내는 정신적 힘이다.

국민국가와 자유시장은 근대세계를 규정하는 양대 핵이다. 이 둘의 결합은, 실체적 권력으로서의 국가와 자기 논리만을 고수하고자 하는 시장의 논리를, 공동체를 구성하는 정신적 자질로서의 nation(민족, 국민)이 통어하고 매개하는 모양새이다. 이 결합체가 우리가 살고 있는 세계, 곧 근대성의 외연을 이룬다.

가치 영역의 분화

가치 영역의 분화는 근대세계를 규정하는 대표적인 특성 중의 하나다. 유일 가치를 중심으로 하여 동심원적인 가치의 서열을 지니고 있던 전통사회와 근대사회를 구분시켜주는 특성이라는 점에서 그렇다. 진선미의 영역을 예로 들어보자. 전통사회에서는, 진리인 것만이 선한 것일 수 있고 또 이 둘에 입각한 것만이 아름다울 수 있었다. 이처럼 얽혀 있는 진선미의 결합체는 종교적이거나 형이상학적 의미의 절대선의 영역으로 수렴된다. 그러나 근대사회에서 이 세 개의 영역, 진선미의 영역은 절대적 가치세계로부터 분리되어 각각 자신만의 독자적인 영역을 지니게 된다.

근대 학문의 세계에서 진리는 윤리적이지도 예술적이지도 않다. 지구를 중심으로 태양과 달과 행성들이 완벽한 동심원적 구조를 지니고 있는 아리스토텔레스의 우주관(코스모스)은, 그 자체로 완벽한 예술적 아름다움을 지닌 것이기도 했다. 그것은 또한 절대자의 선한 의지의 산물이기도 했다. 그러나 코페르니쿠스적 전환 이후로 근대의 과학이 만들어낸 태양계의 모습은 이런 아름다움과는 무관하고, 또 19세기에 들어 새로운 과학의 선두주자가 된 진리로서의 진화론은 아름다움이나 윤리성과는 아무런 상관이 없을뿐더러 오히려 기괴하기까지 하다(어떻게 단세포동물에서 인간이 생겨날 수 있는가). 학문의 모토로서의 진리란 아름답지도 도덕적이지도 않게 되었고, 또 인간은 신의 걸작도 만물의 영장도 아닌, 무수히 가능한 생명체 중의 하나일 수밖에 없게 되었다.

윤리의 영역도 자립적인 것이 되었다. 전통사회는 자신의 도덕적 강령들을 종교적 믿음이나 형이상학적 체계에 의해 선명한 틀로 제시할 수 있었다. 그러나 근대성의 윤리는 이런 기성의 도덕

관념으로부터 벗어나는 곳에서 형성된다. "어떤 덕도 자기보존보다 우선적인 것일 수는 없다"고 했던 스피노자의 말은 새로운 도덕률의 핵심을 이룬다. 또 칸트는 윤리의 영역을 인간의 행복이나 한 공동체의 공동선이라는 항목과 분리시켜 한 개인이 무엇보다 자기 자신에게 요구할 수 있는 보편적 법칙의 수준으로 고양시켰다. 그러나 자기 자신의 윤리적 준칙이 보편적 법칙일 수 있게 행동하라는 칸트의 윤리적 강령(정언명령)은 구체적 내용이 없는 것이어서 경우에 따라서는 기괴하고 일그러진 모습으로 드러나기도 한다. 근대적 윤리의 영역은 학문적 진리나 예술적 아름다움의 영역과 무관하게 존재하는 것이다.

아름다움의 영역에서도 사정은 마찬가지다. 전통사회에서는 진실하고 착한 것만이 아름다운 것일 수 있었으나, 근대 예술의 아름다움은 보들레르의 시집 제목이 보여주듯이 오히려 기괴하고 섬뜩한 곳에서 생겨날 수 있는, '악의 꽃' 같은 것이 되었다. 모더니즘 예술에 이르러 예술미는 조화로운 것으로서의 아름다움이 아니라 독창성(남과 다른 것)과 새로움(그 이전과는 다른 것)에서 생겨나는 것이 되었다. 독창성은 기본적으로 기존의 예술적 규준이나 사회적 규범을 넘어서는 곳에서, 기존의 한계를 초월하는 곳에서 생겨난다. 예술의 영역도 학문이나 윤리의 영역과 마찬가지로 독자적인 것이 되었다.

이와 같은 가치 영역의 분화는 칸트의 세 비판서, 『순수이성비판』『실천이성비판』『판단력비판』에서 적실한 논리적 표현을 얻는다. 학문과 논리의 영역인 순수이성에 대한 논의는 윤리의 영역인 실천이성과 미의 영역인 판단력을 괄호 침으로써 가능케 되고, 그 나머지 영역에서도 사정은 마찬가지다. 이처럼 진선미의 세 영역은 서로에 대해 무관하게 자신만의 독자적인 영역을 확보한다.

이러한 현상을 사회학자 베버는 가치 영역의 분화라고 지칭했다. 이는 전통사회를 지탱해주었던 가치 절대주의 형이상학의 붕괴, 또한 사농공상의 사회적 질서나 종교 중심주의 세계상의 해체를 반영하고 있다. 근대라는 새로운 세계에서는 신에 대해 탐구하는 것이 구두를 만드는 일보다 우월하다고 주장할 수 없게 되었고, 국가를 책임지는 것이 그림을 그리는 일보다 중요한 일일 수 없게 되었다. 오늘날 진선미의 세 영역이 서열화될 수 있는 것은 오직 한국의 미인선발대회에서 등수를 정할 때뿐이다.

근대적 이성과 주체성의 원리

이성이라는 말은 일반적으로 인간이 지닌 지적 능력을 지칭하는 포괄적인 말이다. 이 말은 사용하는 사람이나 맥락에 따라 다양한 의미를 지닐 수 있다. 이성이라는 말 앞에 한정어가 붙어 근대적 이성이나 혹은 계몽이성이 되면 여기에는 근대성의 출현과 연관된 맥락이 부가된다. 공히 이성이라는 말로 번역되는 그리스어 로고스logos와 라틴어 코기토cogito의 차이를 살펴보면 그 의미가 좀더 선명하게 부각될 수 있다.

언어나 이성을 뜻하는 그리스어 로고스는 기독교 신학과 결합함으로써 좀더 뚜렷한 신의 지위를 차지하게 된다. "태초에 말씀이 계셨다"라고 요한복음의 첫 구절은 시작된다. 여기에서 말씀은 곧 하느님이고, 그것을 통해 세계를 창조한 하느님의 실질적인 위력이며, 삼위일체 하느님의 두번째 위격에 해당된다. 로고스로서의 이성은 천지만물의 창조자이고 주재자로서, 곧 세계에 충만해 있는 절대적이고 신적인 원리라는 의미를 지닌다. 인간의 지적 능력도 세계를 주재하는 거대한 이성으로서의 로고스의 존재 속에서 비로소 작동할 수 있게 되는 것이다. 따라서 로고스로서의 이성은 단순히 인간의 지적 능력에 그치지 않고 그것을 넘어서 있는 절대적이고 초월적인 존재인 셈이다.

라틴어 코기토는 데카르트의 "나는 생각한다. 고로 나는 존재한다 cogito ergo sum"라는 말에서 유래한 것으로, 신적인 원리인 로고스와는 달리 인간의 인식 능력을 뜻한다. 근대성의 형성에 따라 중세 유럽에서 절대적 지위를 차지하고 있던 스콜라철학의 진리가 붕괴함으로써 인간의 판단 능력은 의지할 곳을 상실하게 된다. 로고스로서의 이성이 절대적 권위로 버티고 있을 때는 문제가 없었지만, 로고스의 위력이 사라진 곳에서 인간은 어떻게 진위와 정사를 판단할 수 있는가. 데카르트는 이러한 질문 앞에서 일종의 사고 실험을 감행했다. 내 눈에는 이것이 빨갛게 보이는데 그것이 옳다는 것을 무엇이 보장해줄 수 있는가. 내 눈앞에 펼쳐져 있는 세계의 모습이 참된 것이라는 것을 누가 입증해줄 수 있는가. 이러한 의문을 그는 방법적 회의라고 불렀으며 그 속에서 그가 추론해낸 것은, 모든 것을 회의하고 의심하더라도 그런 의심을 하고 있는 의식의 존재로서 내가 있다는 사실 자체만은 부정할 수 없다는 것이었다. 이것까지 부정해버리면 인간의 모든 사고와 판단은 존립 근거를 상실해버리게 되기 때문이다. 데카르트는 '생각하는 나'의 존재를, 지구를 들어올리기 위해 아르키메데스가 요구했던 지렛대의 받침점처럼, 보다 상위의 인식을 위한 최초 확실성의 지반으로 삼아야 한다고 생각했다. 의식과 그 주체의 존재를 연결하는 데카르트의 명제는 코기토라는 단어로 압축된다. 따라서 코기토란 인간이 지니고 있는 고유한 인식 능력, 즉 오늘날 우리가 사용하는 의미에서의 이성을 뜻하며, 이는 데카르트적 이성이나 근대적 이성, 계몽이성 등의 이름으로 불리기도 한다.

이성의 개념이 로고스에서 코기토로 전환되는 것은, 다른 어떤 권위에도 의존하지 않고 오직 자신의 내적 능력에 따라 사고하고 판단하는 주체의 출현을 뜻하는 것으로서 그 자체가 근대성의 중요한 표현이 된다. 계몽을 정의하여, 사고의 미성숙 상태로부터 벗어나는 것(타자의 가르침 없이 스스로의 판단력을 사용하는 것)이라고 했던 칸트의 유명한 말도 이런 사정을 지칭하고 있다. 또 헤겔은 근대성의 정신적 기축을 주체성subjectivity의 원리라고 했다. 여기에서의 주체는 인식과 행위의 주인으로서 자기 자신과의 관계 속에서만 근거를 확보하는 자유롭고 자율적인 존재인데, 이것이 뜻하는 것 역시 자기 자신 이외에 어떤 기성적이고 외적인 권위도 인정하지 않는다는 점에서는 마찬가지 맥락을 지니고 있다. 사제

들의 독점적인 권위를 부정한 채 모든 사람들이 신과 직접 소통할
수 있다고 '만인사제주의'를 주창했던 종교개혁도, 인간이면 누구
나 태어나면서부터 자연적으로 획득한 권리를 지니고 있으며 그런
자연권에 입각하여 국가의 토대가 만들어져야 함을 주장했던 계몽
주의 철학도, 또한 어떤 미적 전범도 인정하지 않은 채 예술적 표
현의 진수는 한 개인이 지닌 개성과 내면의 의지에 따라 획득되는
것이라고 했던 낭만주의 예술도 모두 헤겔에게는 주체성 원리의
표현이었다.

CHAPTER 13

우리가 사는 세계 밖을
사유하는 힘

포스트모더니즘과 모더니즘

포스트모더니즘이라는 말은 현재 두 가지 맥락에서 사용되고 있다. 하나는 20세기 후반 다양한 분야에서 등장한 새로운 예술 사조를 지칭하는 말이고, 다른 하나는 합리성에 기반한 근대적 사유를 비판하면서 그에 대한 대립항으로 등장한 사상적 흐름을 지칭하는 말이다. 이 둘은 모두 근대성에 대한 반성이라는 점에서 공통점을 지니고 있지만, 구체적인 맥락에서는 매우 다른 양상으로 드러나기도 한다. 그래서 이 둘을 구분하기 위해, 예술적 경향에 대해서는 주로 포스트모더니즘이라는 용어를 사용하고, 사상적 경향에 대해서는 이 용어를 피하여 탈근대적(혹은 탈현대적) 사유라고 부르는 것이 일반적이다.

포스트모더니즘에서 '포스트'라는 접두어는 '후기'나 '탈'의 의미를 지니고 있다. '후기'라는 말에서는 연속성이 강조되고 '탈'이라는 접두어에서는 단절이 강조되는데, 포스트라는 접두어는 이 두 가지 뜻을 동시에 가지고 있다. 단절이라 하더라도 전혀 상관없는 단절이 아니라, 단절하고자 하는 대상을 강하게 의식하고 있다는 점에서 그러하다. 예를 들어, 포스트구조주의보다는 후기구조주의라는 번역어가 좀더 우세했고, 포스트식민주의보다는 탈식민주의라는 번역어가 널리 쓰이고 있다. 어느 쪽이건 포스트라는 접두어는 연속과 단절의 의미를 동시에 지니고 있는 셈이다. 포스트모더니즘의 경우도 이와 마찬가지다.

포스트모더니즘 예술은 건축과 미술, 문학 등에서 매우 다양한 형태로 드러나고 있어 한마디로 개념화하기는 어렵다. 이런 어려움은 포스트모더니즘이 단절의 모델로 삼고 있는 모더니즘의 정신 자체가 다양한 예술 장르에서 다양한 양상으로 구현되고 있다는 점에 기인한다. 하지만 미적 감각으로서의 모더니즘에 대해서는 간단하게 정리될 수도 있다. 예를 들자면 현재 한국의 가구 시장은 가구를 두 가지 장르로 구분한다. 앤티크와 모던. 앤티크는 조각이나 장식이 많고 풍성한 느낌을 주는 가구를, 모던은 단순하고 기능성이 강조된 현대적인 느낌을 주는 가구를 지칭한다. 앤티크 가구는 부잣집의 넓은 거실에 어울리고, 모던 가구는 지적이고 세련된 지식인의 작업실에 적당하다. 범박하게 보아, 모더니즘 예술에서 강조되는 것도 이처럼 지적이고 세련된 느낌이다.

하지만 같은 모더니즘이라고 해도, 문학과 회화 같은 비기능적인 예술과 건축 같은 기능적인 예술에서는 조금 상이한 형태로 드러난다. 문학의 경우 모더니즘은 19세기에 절정을 이룬 리얼리즘에 대한 대립항으로 출현했다. 여기에서 문제가 되는 것은 세계에 대한 객관적 재현 가능성에 대한 회의이다. 리얼리즘 문학에서 중요한 것은 작품을 통해 세계의 모습을 가능한 한 있는 그대로, 객관적으로 되살려내는 것임에 비해, 모더니즘에서는 세계에 대한 주관적인 느낌을 표현하는 것이 관건이 된다. 예를 들어 카프카의 소설에서 펼쳐지는 세계는 객관적으로 보아 우리가 경험할 수 있는 세계가 아니다. 하지만 주관적인 측면에서는 사정이 다르다. 카프카의 소설에서처럼 사람이 벌레가 되는 일이란 리얼리즘적인 관점에서 보자면 있을 수 없는 것이지만, 우리는 종종 자신이 벌레가 되는 경험을 하기도 한다. 또 리얼리즘의 세계에서 작가는 세계를 재현하는 투명한 존재로서 작품의 배후에 숨어 있어야 한다. 하지만 모더니즘의 세계에서는 작품이 현실이 아니라는 것, 그것 또한 만들어진 세계라는 것을 감추지 않는다. 작가는 재현하는 사람이 아니라 표현하는 사람이므로 숨어 있을 이유가 없다.

이러한 점은 회화에서도 마찬가지다. 사진의 등장 이후로 캔버스 위에 대상을 정밀하게 재현해내는 것은 훨씬 덜 중요한 것이 되었고, 19세기 말의 인상주의자들처럼 대상으로부터 받은 느낌을 되살려내는 것이 중요한 문제가 되었다. 이러한 흐름은 자연스럽게 샤갈 등의 초현실주의 회화나 피카소의 큐비즘, 그리고 다양한 형태의 비구상회화로 이어진다. 눈과 입이 따로 놀고 있고, 얼굴과

몸이 서로 다른 각도에서 포착된 피카소의 그림을 떠올려보자. 미술사가 곰브리치의 생각은 이렇다. 우리 시각은 두 눈이 하나의 초점을 만드는 것에 의해 형성된다. 그 초점이 이동하면서 대상에 대한 정보를 수집하고 그 결과로 사진으로 찍은 것 같은 대상이 이루어진다는 것이다. 말하자면 사진과 같은 형태의 그림이란 일종의 환상이고, 대상들의 세부가 이리저리 흩어져 있는 피카소풍의 그림이야말로 우리 시각의 진실을 담고 있다는 것이다.

이와 같이 모더니즘 예술이 강조하는 것은 단순한 객관성을 넘어선 주관성의 강렬함이다. 그래서 균형 잡힌 아름다움 같은 고전적인 미적 기준은 여기에서 추방되고, 그것을 대신하여 미적 경험의 강렬함과 독창성, 정신성, 충격 경험 같은 것들이 새로운 기준으로 들어선다. 20세기 전반기에 등장했던 다양한 전위예술과 실험예술이 추구하고자 했던 것도 그와 같은 것들이었다. 남성용 소변기를 뒤집어놓고 〈샘〉이라고 이름 붙였던 1917년의 마르셀 뒤샹이 대표적인 예이다. 아름다움이라는 전통적 미의 기준은 그들에 의해 독창성과 새로움이라는 새로운 기준으로 대체된다.

하지만 건축과 같은 실용적 예술에서는 모더니즘의 정신이 이와는 다른 양상과 형태로 드러난다. 모더니즘 건축은 장식성을 배제하고 기능성을 강조하는 특징을 지니고 있다. 건물이 지니고 있는 효율성을 극대화하고 건축비를 아낄 수 있는 이런 양식의 건축은 20세기 초반 이후 세계적으로 확산되어 국제주의 건축이라 불린다. 서울에서도 도심 한복판에서 볼 수 있는 대형 콘크리트 건물의 태반이 이와 같은 양식들이고, 1970년대 이후 한국에서 대량으로 지어진 주거용 아파트 건물도 마찬가지다. 이처럼 단순성을 강조하여 장식성을 배제하고 기능성을 극대화하는 것으로 특징지어지는 모더니즘 건축은, 건조하고 메마른 합리주의적 정신의 산물이라는 점에서 문학과 회화에서 나타나는 모더니즘의 정신과 일맥상통하는 면이 있다. 모두가 금욕주의적 정신성을 강조하고 있다는 점에서 그러하다.

포스트모더니즘 예술은 모더니즘이 지니고 있는 이러한 정신성에 대한 대립항으로서 20세기 후반에 등장했다. 건축 양식에서 모더니즘 양식이 배제해버렸던 장식적인 요소를 대폭 수용하여, 철골 구조물을 외부로 노출시키거나 우람한 아치와 기둥을 건물 내부로 삽입하는 식으로 건물에 비유와 수사를 도입했다. 비기능적인 예술에서도 포스트모더니즘적인 정신은 모더니즘이 지니고 있던 정신성에 대한 과도한 강조와 고답성으로부터 벗어나고자 했다. 모더니즘 회화와 문학은 예술성에 대한 과도한 강조로 인해 너무 어려워져 대중으로부터 분리되기 시작했다. 전문적인 비평가의 도움 없이는 접근하기 어려운 난해한 것이 되어버렸다는 점이 문제였다. 독창성에 대한 과도한 추구가 예술을 닫힌 공간으로 끌고 가버린 셈이다. 모더니즘 예술이 지닌 이러한 한계로부터 벗어나고자 했던 것이 포스트모더니즘적인 정신이다. 앤디 워홀과 로이 리히텐슈타인 같은 예술가들에 의해 창안된 팝아트가 그 대표적인 예이다. 이들은 대중영화 스타들의 얼굴이나 만화의 이미지를 적극적으로 차용하여 새로운 시각예술의 영역을 개척했다. 독창적인 이미지를 만들어내기보다는 이미 존재하는 이미지들을 변형하고 그 배치를 바꿈으로써 새로움을 획득하고자 했던 것이다.

패러디parody와 패스티시pastiche

포스트모더니즘에서 가장 큰 힘을 발휘하는 기법(혹은 정신)은 패러디와 패스티시이다. 둘 모두 이미 존재하고 있는 텍스트를 변형함으로써 새로운 예술적 감흥을 불러일으키는 것으로, 패러디는 원본 텍스트를 풍자적이고 희극적으로 변형함으로써 비판의식을 강조하는 것이고, 혼성모방으로 번역되곤 하는 패스티시는 원본 텍스트를 차용하는 행위 자체를 강조함으로써 예술이 지니고 있는 유희 충동을 활성화시키는 것으로 구분된다. 비판의식이나 정치성에서는 패러디가 패스티시보다 좀더 강하고, 패스티시는 상대적으로 탈정치적인 것이라 평가된다. 이런 점으로 인해 패스티시는 포스트모더니즘의 대표적인 기법으로 간주되기도 하며, 포스트모더니즘이 지니고 있는 비판정신의 부재나 탈정치성이라는 한계를 드러내는 것으로 비판 받기도 한다. 하지만 사정이 꼭 그런 것만은 아니다. 패스티시가 패러디에 비해 비판의 직접성이 떨어지는 것은 사실이지만, 좀더 넓은 관점에서 보자면 유희 충동을 극대화시키는 패스티시는 그 자체가 두 가지의 비판정신을 내장하고 있다.

첫째, 패스티시는 자본주의적 근대가 지니고 있는 목적합리성과 기능주의에 대한 우회적인 저항의 측면을 내장하고 있다. 자본주의 경제가 지니고 있는 핵심적인 원칙은 최소의 비용으로 최대의 이윤을 얻어내는 것이다. 정해진 목표를 얼마나 빠르고 효율적으로 달성할 수 있느냐를 따지는 방식의 사고를 목적합리성이라고 한다면, 유희 충동은 자기 밖에 어떤 목적도 상정하지 않는 자기목적적인 것이라는 점에서 목적합리성의 타자이거나 방해물일 수밖에 없다. 기능주의적인 관점에서도 마찬가지다. 유희는 어떤 실용적 기능도 하지 않는다는 점에서 배제되어야 할 것에 불과하다. 유희충동을 활성화하는 것은 이러한 점에서, 목적합리성과 기능주의가 지배하는 세계, 실용주의 세계에 대한 비판의 의미를 내장하고 있는 것이다.

둘째, 패스티시는 엄숙주의에 대한 비판의 측면을 지니고 있다. 이것은 유희 충동 자체가 지니고 있는 속성이기도 하다. 이데올로기는 엄숙한 어조와 고상하고 거룩한 내용으로 발화된다. 구체적 내용과 무관하게 형식 자체가 그러하다. 국가와 민족을 위해, 혹은 인류의 평화를 위해, 법과 정의와 질서를 위해 같은 말들이 그런 형식의 예이다. 이런 엄숙한 말들 앞에서 전개되는 유희 충동은 내용이 어떻든 간에 그 자체로 엄숙주의에 대한 저항의 의미를 지닌다. 예를 들자면, 2006년 서울의 촛불시위대를 향해 법질서를 강조하며 해산을 명하려 마이크를 잡은 경찰을 향해, "노래해, 노래해"라고 외치는 행위와 같은 것. 여기에서 유희 충동의 상징으로서의 '노래'는 그 자체로는 비정치적이지만 엄숙주의 앞에서는 강렬한 정치성을 지닐 수 있다.

여기에서 중요한 것은 엄숙주의와 진지함을 구분하는 일이다. 엄숙주의rigorism는 본래 금욕적 태도로 원칙을 엄격하게 지키려는 사고나 행위를 뜻한다. 하지만 그것이 지닌 유연성 없는 태도는 이내 딱딱한 태도 자체를 목적으로 만들고 정작 지키고자 했던 핵심은 내용 없는 공백으로 변형시켜버리곤 한다. 한발 더 나아가, 중심의 내용 없는 상태를 가장하기 위해 이른바 원칙이라는 것을 더 엄격하게 내세우고 지키고자 하는 태도의 단호함을 강조하기도 한다. 이런 상태에 이르면 엄숙주의는 가식적인 진지함이 된다. 진지하지도 엄숙할 수도 없는 것이 그런 척을 하는 것, 그것이 엄숙주의다. 이런 점에서 보자면 집단적인 환상으로서의 이데올로기는 그 어떤 것도 엄숙주의가 아닐 수 없다. 실상보다 외관을 가장하고, 내용 없는 형식만을 강조한다는 점에서 그렇다. 이 점은 정치적 이데올로기도 종교적 이데올로기도 마찬가지다. 내용이 그 자체로 강렬한 힘을 발휘할 때 형식은 상대적으로 유연할 수 있다. 형식과 외관에 대한 강조로서의 이데올로기는 내용적인 지배력을 상실해버린 지배집단이 의지하게 되는 공허하고 과장된 형식주의다. 그것이 곧 진지함과 구분되는 엄숙주의의 의미이다. 진지함은 존중해야 하겠지만 엄숙주의는 그래야 할 이유가 없다.

패스티시의 정신은 이와 같이 유희 충동에 기반을 둠으로써 목적합리성과 엄숙주의에 대한 비판과 거부를 본질적인 힘으로 지니고 있다. 진지함에 대한 교란자일 때는 경박하고 무가치한 것일 수도 있으나, 이데올로기의 실질적 내용인 엄숙주의 앞에서는 그 자체가 저항력의 훌륭한 거처일 수도 있다. 이 점에서 패스티시는 패러디와 동일한 정치적 의미를 지닌다.

탈근대적 사유

탈근대적 사유는 근대적 사유가 지니고 있는 문제들에 대한 비판에서 시작된 다양한 생각들을 폭넓게 지칭하는 말이다. 근대성의 핵심적인 논리틀, 예를 들자면 주체성의 원리, 이성중심주의, 자본주의와 국민국가 체제 등에 대한 비판적 사유들이 그 핵심을 이룬다. 20세기 후반 이후 최근에 이르기까지 적지 않은 지적 영향력을 행사해온 푸코, 데리다, 리오타르, 라캉, 들뢰즈, 가타리, 네그리 등이 그 대표적인 인물들이며, 좀더 큰 관점에서 보자면, 근대성 자체를 미완의 기획이라고 간주하여 일견 탈근대적 사상가들과 대립적인 입장에 있는 것으로 보였던 하버마스도 근본적으로는 동일한 문제의식에 입각해 있다.

근대성에 대한 비판은 근대성의 출현과 동시에 시작된 것이어서, 탈근대적 사유의 원천은 니체와 프로이트, 마르크스 등 19세기의 지적 거인들에게서 발견된다. 니체는 이성중심주의적 사유를 정면으로 비판함으로써 근대적 이성의 외부에 대해 사유했고, 프로이트는 인간 내부에서 무의식이라는 통제 불가능한 타자를 발견함으로써 그 자신의 의도와는 무관하게, 근대가 기반하고 있던 데카르트적 주체와 합리성의 개념을 전복시켰다. 또 마르크스는 자본주의의 핵심으로 들어가 자본의 작동방식에 대해 분석해냄으로써 그 외부에 대해 상상할 수 있는 거점을 만들어냈다. 탈근대적 사유는 근본적으로 이 정신적 거인들에 의해 제기된 문제의식의 연장에 있으며, 20세기 전반기에 있었던 파시즘의 발흥과 두 차례 세계대전의 비극, 그리고 전체주의로 타락해버린 현실 사회주의권의 실패 등을 목전의 현실로 지니고 있다. 이런 현실 속에서 분명해진 것은, 근대가 꿈꾸었던 이성적인 세계가 결국은 유토피아가 아니라 위생적인 감옥으로서의 세계 상태를 초래했다는 것, 그리고 그것을 전복하고자 했던 마르크스주의 운동도 관료주의의 악몽으로 귀결되었다는 것이다.

탈근대적 사유는 이런 현실에 대해, 타자를 생산하고 배제함으로써 자기만의 영역을 고수하고자 하는 동일성^{identity} 사유가 문제의 핵심임을 지적한다는 점에서는 대체로 일치하고 있다. 예를 들자면, 라캉은 우리가 당연한 것으로 생각하는 주체가 미리 주어져 있는 것이 아니라 삶의 여러 계기를 통해 그때그때 생산되는 것임을 지적함으로써 근대가 기반하고 있던 주체의 자명성에 대해 타격을 가했고, 푸코는 미시정치$^{micro-politics}$라는 개념을 통해, 통제와 지배의 정치가 생활과 동떨어진 정치권에 있는 것이 아니라 학교와 병원, 감옥, 군대와 같은 구체적 일상의 영역 속에 존재하고 있음을 보여줌으로써 동일성의 정치가 어떻게 생산되고 작동하는지를 적시해냈다. 들뢰즈와 가타리는 현실 권력의 체제에 포획되지 않고 그것을 전복시키기 위해서는 좀더 적극적으로 차이를 생산하여 동일성의 외곽으로 나가야 한다고 했고, 하버마스는 근대적 사유가 근본적으로 자기 이외의 모든 것들을 대상화함으로써 그들 또한 주체일 수 있는 가능성을 박탈해버리는 주체철학의 산물임을 지적하면서, 서로의 주체됨을 인정하고 그들 사이의 대화와 합의를 통해 상호주체성의 상태에 도달할 수 있다고 했다. 이들의 생각은 모두 주체로서의 인간이 세계의 중심에 섬으로써 생겨난 근대성의 원리, 즉 주체와 이성과 동일성 등을 중심으로 형성되는 사고방식에 대한 비판이자 전복이라는 점에서 일치하고 있다.

CHAPTER 14

아름다움의 기준

취미 판단과 아름다움

사람들은 어떤 것을 아름답다고 느끼는가. 한 사람이 느끼고 있는 아름다움에 대해 다른 사람이 가타부타 논할 수 있을까.

전통적인 질서 속에서라면 이런 것은 문제가 될 수 없을 것이다. 그 세계에서 아름다움이란 독자적인 원리를 지닌 것이 아니라 세계 전체를 지배하는 원리의 일부로 존재하는 것이기 때문이다. 예를 들어 미담美談이라는 말속에 들어 있는 아름다움은 그것의 전통적 의미를 시사해준다. 여기서의 아름다움은 오늘날의 뜻과는 달리 도덕적 착함에 훨씬 가깝다. 전통적 질서 속에서의 아름다움이란 단순히 도덕적 선만을 뜻하는 것도 아니다. 어떤 대상이 격식에 맞고 참되고 바람직할 때 저절로 거기에서 실현되는 것, 즉 이념적인 완성태의 표현이 아름다움인 것이다. 조선의 사대부들에게 사군자가 예찬되었던 것도, 식물들이 지닌 자연스러운 아름다움의 차원을 넘어 정신적인 가치를 구현하고 있는 대상들이었기 때문이다.

가치 영역의 분화를 특징으로 지니고 있는 근대세계에서는 이런 전통적 아름다움의 이념이 존재하기 힘들다. 학문적 진리나 윤리적 선악의 문제와 마찬가지로, 미의 세계도 독자적인 질서에 입각해 있다. 이것을 선명하게 정식화한 것이 칸트의 『판단력비판』이다. 여기에서 그가 다루고자 했던 것은 아름다움 자체의 문제가 아니라 그것에 대한 판단의 문제였다. 그는 이것을 취미 판단이라고 불렀다. 진위나 선악에 대한 판단과 구분되는 것으로서의 취미 판단에 대한 논구를 통해, 그는 어떤 것이 아름답다고 말할 수 있는지, 그것에 대한 사람들의 판단이 어떤 점에서 옳고 어떤 점에서 그른 것인지에 대해 논리를 세우고자 했다. 취미 판단의 독자성을 위해 그가 제시한 기준은 다음 네 가지이다. 사심 없는 만족, 보편적 만족, 목적 없는 합목적성, 필연적 만족.

첫째, '사심 없는 만족'이라는 말로 칸트가 강조하는 것은 아름다움을 판단하기 위해서는 대상과의 거리를 확보해야 한다는 것이다. 자기의 이해관계라든지 자기만의 특수한 상황이나 성향이나 기질을 떠나 대상을 관조적인 태도로 바라볼 때, 그는 비로소 취미 판단에 임하는 것이며 미의 영역에 들어와 있다는 것이다. 쾌·불쾌의 감정과 결합되어 있는 만족에 대해 칸트는 선과 쾌적과 미 세 가지를 구분했다. 도덕적 가치로서의 선은 인간 같은 이성적 존재자에 의해 존중되는 것이다. 이에 비해 쾌적함은 몸과 기질이 원하는 것이다. 호랑이가 풀보다 사슴 고기를 좋아하는 것과 같은 차원이라는 것이다. 세번째 요소로서의 아름다움이라는 만족감은 도덕적 관심으로부터도 벗어나고, 그와 동시에 자기 혼자만 지니고 있는 독특한 성향이나 기질로부터도 벗어나는 만족에 해당된다. 사과를 바라보면서도 먹고 싶다는 생각 없이 그 색깔과 형태와 색조 등 외관의 형식들을 바라볼 때가 곧 취미 판단에 임하는 순간인 것이다. 그래서 칸트는 취미 판단을, 이성적이면서 동시에 동물적 존재자인 인간에게만 해당되는 것이라 했다. '사심 없는 만족'이 그것을 뜻하며, 이는 '무관심한 만족'이나 '관심 없는 만족' 등으로 쓰이기도 한다.

둘째, 아름다움이 '보편적 만족'의 대상이라는 말을 통해 칸트가 강조하고자 하는 것은, 취미 판단이 단순한 주관성의 영역을 벗어나 있다는 점이다. 여기에서 중요한 것은 보편적인 것(시공간을 넘어서는 영구불변한 것)으로서의 미와 일반적인 것(시공간적으로 한정되어 있는 경험적인 것)으로서의 쾌적함의 구분이다. 쾌적함은 단순한 개인적인 기호나 취향의 문제로, 이를테면 나는 흰밥보다 잡곡밥이 좋다는 수준이다. 내가 잡곡밥을 좋아한다고 해서 그것을 모든 사람들에게 요구할 수는 없는 일이다. 하지만 칸트가 생각하는 미는 이런 주관성을 넘어서는 것이다. 이를테면 '튤립이 참 예쁘다'는 것은 말이 되지만 '튤립이 내 눈에는 참 예쁘다'는 말은 이상하게 들린다. 내가 튤립이 예쁘다고 말할 때 그것은 나만이 아니라 누구나 예쁘다고 느낄 것이라는 전제하에, 또 누구나 동의해주

길 바라면서 그렇게 말하고 있는 것이다. 아름다움은 이처럼, 개념적인 것이 아니면서도 취향이나 기호의 차이를 넘어서 누구에게나 통용되는 것으로서 누구에게나 찬성을 요구할 수 있는 수준에서 판단되어야 한다는 점에서, 보편적 만족의 대상이 될 수 있다고 칸트는 생각했다.

셋째, 칸트가 말한 '목적 없는 합목적성'이라는 말은 역설적인 느낌을 준다. 합목적성은 어떤 것의 존재가 목적에 부합한다는 말인데 목적이 없다는 것은 또 무슨 말인가. 이런 모순을 칸트는 주관적인 합목적성이라는 말로 극복한다. 예를 들어 의자가 있다 치자. 의자는 사람이 편하게 앉기 위해 만들어진 것이므로, 우리는 한 의자에 대해 그것이 목적에 얼마나 부합하는지에 대해 판단할 수 있다. 허리가 편하다거나 목받침이 없어 오래 앉아 있기는 불편하다는 식으로. 사물이 지니고 있는 이런 유용성을 칸트는 객관적 합목적성이라고 했다. 하지만 튤립의 경우는 어떠한가. 우리가 꽃을 보고 느끼는 아름다움이 꽃의 존재 이유나 목적이라고 할 수는 없다. 튤립은 우리가 만든 것이 아니기 때문이다. 그럼에도 불구하고 우리가 튤립을 보면서 아름답다고 느낄 때, 칸트는 그 느낌을 합목적성이라고 했다. 우리 마음속에 있는 튤립이라는 개념과 우리 눈앞에 있는 그것의 실상이 일치하는 듯한 느낌을 그렇게 부른 것이다. 이것은 합목적성이되 객관적인 것이 아니라 주관적인 것이며, 그러므로 튤립을 존재하게 만든 사람에게 묻지 않는 한 그것의 목적은 알 수가 없는 것이다. 하지만 우리는 아름다운 꽃을 보면서 그 아름다움이 마치 그 꽃의 존재 이유인 것처럼, 목적인 것처럼, 그래서 그 꽃의 존재가 자기 목적에 부합하는 것처럼 느낀다. 한두 사람만 이런 느낌을 갖는 것이 아니라 대다수의 사람들이 그렇다. 과거에도 그랬고 앞으로도 그럴 것이다. 이런 경우 그 대상은 목적 없는 합목적성을 지니며 취미 판단의 대상이 된다. 요컨대 취미 판단을 할 때 우리는 대상에 대한 느낌 속에서 그 대상의 목적성을 소급적으로 짐작하게 되는 것이다. 이것을 칸트는 '법칙 없는 합법칙성'이나 '자유로운 합법칙성'이라고도 불렀다.

넷째, '필연적 만족'이라는 말은 '보편적 만족'이라는 말과도 통한다. 취미 판단은 개념이 아니라 감정에 입각한 것이기 때문에 수학적인 판단처럼 정확하게 옳고 그름을 구분할 수는 없다. 또 취미 판단은 대상과의 거리를 확보해야 하는 것이기 때문에, 어떻게 살아야 하는지에 대해 하나하나 따져가며 거기에서 추론되는 원칙에 자기 자신의 행동을 포함시킴으로써 만들어지는 윤리적 명제와 같을 수도 없다. 하지만 취미 판단은 이런 객관적 필연성이나 실천적 필연성의 영역과는 다른 필연성, 즉 주관적 필연성을 지닌다.

어떤 것을 아름답다고 판단하는 사람은 모든 사람이 자기 판단에 동의할 것이라는 전제를 지니고 있다. 뒤집어 말하면, 그런 전제 아래에서만 아름다움에 대한 취미 판단은 성립될 수 있다. 즉 내가 튤립을 아름답다고 말할 때, 그것은 나만이 아니라 그 어떤 사람이라도 그렇게 생각할 수밖에 없으리라는 전제 아래에서 아름답다고 하는 것이다. 그렇다면 이런 필연성의 존재에 대한 추론이 어떻게 가능한가. 이에 대해 칸트가 제시하는 것은 공통 감각 sensus communis이라는 개념이다. 이것은 상식common sense이라는 말과는 다른 것으로서, 인간이면 누구나 공유할 수밖에 없는 감정과 감각을 뜻하는 말이다. 공통 감각에 입각할 때 취미 판단은 주관적 필연성만이 아니라 객관적 필연성을 지닐 수 있다고 칸트는 생각했다.

숭고

칸트는 취미 판단의 영역에서 감동을 배제했다. 마음이 흔들리면 아름다움에 대한 판단의 냉정함이 흐트러진다는 것이 그 이유였다. 하지만 우리가 자연이나 예술작품을 통해 맛보는 감흥의 많은 부분은 감동에 토대한 것이 아닌가. 그런데도 이런 감흥은 아름다움의 영역에 속하지 않는다는 것인가. 이에 대해 칸트가 마련해 놓은 대답이 숭고라는 미감이다.

미와는 반대로 숭고는 마음의 흔들림과 동요를 특징으로 한다. 미에 대한 판단은 대상에 대한 냉정한 관조 속에서 이루어지는 것임에 비해, 숭고는 주체가 모두 수용할 수 없을 정도로 밀려드는 감각의 자료들로 인해 마음이 심하게 요동칠 때 획득된다는 것이다. 정원의 튤립이나 방 안의 분재를 바라보고 있는 사람이 미적 관조자라면, 숭고는 폭풍우 치는 바다나 엄청난 규모의 산악과 계곡의 자연미를 바라보고 있을 때의 마음과 같은 것이다. 미가 작고 부드럽고 조화로운 대상 속에서 획득되는 것이라면, 반대로 숭고는 거대하고 위력적이고 부조화스러운 대상들이 가져다주는 감흥인 것이다. 그래서 칸트는 숭고의 자질로서 형식성이 아닌 몰형식성, 합목적성이 아닌 반목적성, 쾌감이 아닌 불쾌 등을 들었다. 모두 미를 구성하는 것과는 대조적인 항목들이다.

칸트의 숭고론에서 특히 주목되는 것은, 숭고는 대상이 아니라 그것을 느끼는 주체의 내면에 있음을 강조하고 있다는 점이다. 폭풍우 치는 바다가 있다고 하자. 이 바다 위를 항해하고 있는 사람이라면 어떤 마음일까. 다른 어떤 느낌보다 생명의 위협에서 느껴지는 공포가 그에게는 우선적일 것이다. 한 사람이 거대한 산악 한가운데 조난 당해 버려져 있다고 가정해도 마찬가지다. 생명의 위협이 있는 곳에서는 압도적인 공포감으로 인해 어떤 정서적 감흥도 기대하기 어렵다. 칸트는 이런 공포로부터 벗어나 있는 곳에서만 숭고가 가능하다고 했다. 폭풍우 치는 바다도 어디까지나 안전한 장소에서 바라볼 때에만 숭고라는 미감의 대상이 될 수 있는 것이다. 그 바다를 항해해온 선원의 경우라면 어떨까. 천신만고 끝에 안전한 해안에 도착한 후에야 난바다의 풍경을 회상하며 비로소 숭고감을 느낄 수 있는 것이다. 우리를 압도하는 위력적인 대상이나, 도무지 헤아릴 수 없는 엄청난 크기를 지닌 것 앞에서 느끼는 공포는 불쾌감이지만, 그로부터 자신의 안전을 확인하는 것은 쾌감이다.

숭고는 이처럼 불쾌가 동시에 쾌가 될 때 작동한다. 그러므로 숭고감의 원천은 대상이 아니라 그것을 느끼는 주체의 마음속에 있다. 폭풍우 치는 바다나 거대한 산악이 무엇이 대단한가. 그저 가파른 공기의 흐름에 흔들리는 바닷물이고, 거대한 흙과 바윗덩어리에 불과할 뿐이다. 대상 자체에는 우리가 숭고라고 할 만한 어떤 것도 존재하지 않는다. 숭고는 그것을 바라보면서 굉장하고 대단하다고 느끼는 사람의 마음속에 있다는 것이다.

칸트는 숭고를 수학적 숭고와 역학적 숭고로 구분했다. 수학적 숭고는 한 대상이 지니고 있는 절대적 크기에서 비롯된다. 여기에서 문제가 되는 것은 우리의 수용력을 넘어서는 대상들의 존재이다. 인간의 감각기관은 바깥 세계의 사물들의 인상을 받아들인다. 그리고 이 감각 자료들은 인간의 마음속에서 종합적으로 재구성된다. 이 두 과정을 칸트는 포착Auffassung, apprehension과 총괄Zusammenfassung, comprehension이라는 말로 표현했다. 수학적 숭고는 포착과 총괄 사이의 불균형으로 인해 만들어진다. 포착은 받아들이는 능력이고 총괄은 종합하는 능력이다. 받아들여진 데이터의 흐름이 무한정 진행되다가 어느 순간 그 자료들을 처리할 수 있는 능력이 한계에 도달한다. 총괄이 불가능해지는 것이다. 이 순간이 곧 수학적 숭고가 발생하는 순간이다. 헤아릴 수 없는 압도적이고 절대적인 크기를 만났을 때 수학적 숭고가 발생하는 것이다.

이와는 달리 역학적 숭고는 대상의 절대적 위력으로 인해 생겨나는 감흥이다. 칸트는 이 위력이 강제력을 가진 것이어서는 안 된다고 했다. 대상의 위력이 우리를 위협하는 것이어서는 안 된다는 뜻이다. 자신의 욕망과 특수한 기질에 사로잡힌 사람이 미를 제대로

판정할 수 없듯이, 공포에 사로잡힌 사람은 숭고를 느낄 수 없기 때문이다. 대상이 지니고 있는 공포가 얼마나 대단한 것인지는 문제가 되지 않는다. 안전한 곳에만 있다면 대상의 위력이 크면 클수록 더욱 대단한 숭고로 다가오기 때문이다.

인간의 감각을 거스르는, 고통스럽고 불편하며 경이로운 쾌감으로서의 숭고는 인간이 느끼는 일종의 한계 체험이라고 해도 좋겠다. 크기건 힘이건 간에, 사람으로서 헤아리기 힘든 영역과 대면하는 일은 누구에게나 버겁지만 그와 같은 한계에 대한 경험을 통해 사람들은 정신적 고양감을 경험한다. 이 고양감은 고통이나 기괴함이나 불편함을 통해서 획득되며, 이런 뜻에서의 숭고는 특히 모더니즘 이후의 현대 예술에서 매우 중요한 미학적 범주로 자리잡게 된다.

키치kitsch와 캠프camp

키치는 독일어에서 유래된 단어로 싸구려 저급 예술작품을 뜻하는 말이다. 민간 어원에 따르면, 패키지 단체 여행이 시작된 19세기 후반, 이탈리아에 여행 온 단체 관광객들을 위해 상투적으로 제작된 그림들을 키치라고 불렀다 한다. 그들이 여행 기념으로 사고자 했던 값싼 스케치에서 유래한 말이라는 것이다. 흔히 이발소 그림이라 불리는 상투적인 유화나 사진들이 우리 주변에서 확인할 수 있는 키치의 대표적인 예일 것이며, 나아가서는 미사여구로만 가득차 있는 서울 지하철 역사의 서정시, 반전에 반전을 거듭하는 드라마틱한 장면으로만 채워져 있는 TV 드라마 같은 것들이 키치로 분류될 수 있겠다. 아도르노는 키치를 정의하여, "지난날에는 미였으나 그 대립자의 결여로 인해 미에 대해 모순을 이루게 된 것"이라 했다. 자기 안에 추의 계기를 지니지 않아서 추와의 어떤 긴장도 상실해버린 미, 즉 아름다움이라고 이미 규정된 요소들로만 채워져 있는 예술작품은 더이상 아름다움일 수 없다는 것이다. 자신의 본성에 대해 의심하는 아름다움, 자기다움에 대한 성찰을 통해 추와의 긴장을 유지하고 있는 아름다움만이 키치의 수준으로 떨어지지 않는다. 그러니까 키치는 이미 상투화되어 더이상 아름다움일 수 없는 아름다움을 지칭하는 말이다.

캠프는 키치와는 반대로, 저급한 것을 고급한 차원으로 고양시키는 계기를 뜻한다. 캠프라는 말 자체는 재미 삼아 연출된 과장된 저급함 같은 것을 뜻한다. 이를테면 만화책을 보며 낄낄대는 피카소, 심각하게 오목을 두는 아인슈타인이나 신명나게 트로트 창법으로 노래를 부르는 마리아 칼라스 등을 상상해볼 수 있겠다. 고급문화와 대중문화의 경계가 문제적인 것이 되면서부터는 캠프도 예술적 의미를 지닌 진지한 것으로 고려되게 된다. 의도된 유치함은 고급문화가 지니고 있는 지나친 엘리트주의나 형식주의, 위선 등에 대한 도전과 비판의 의미를 지니고 있기 때문이다. 유치함 속에도 단순함과 순수함 같은 미덕이 있다. 너무 세련되어 오히려 상투적이 되어버린 고급스러운 문화 옆에 이런 단순함을 세워놓는 것은 그 자체로 신선한 것일 수 있다. 캠프적 감수성과 상상력은 그런 신선함을 향해 나아간다. 통속적이고 저급한 대상으로서의 키치도 캠프적 계기를 통해서라면 참신한 예술작품으로 재탄생할 수 있다. 앤디 워홀의 팝아트 같은 것이 대표적인 예이다. 이처럼 캠프적 계기는, 스스로 차이를 만들어가며 새로운 신선함의 영역을 향해 나아가는 우리 시대 미의식의 변증법적 행로를 보여준다.

CHAPTER 15

제대로 책임지는 법

윤리와 도덕의 차이

윤리와 도덕은 사람을 주눅 들게 하는 딱딱하고 무거운 말이다. 이 말들을 감싸고 있는 당위적인 외투 자체가 엄격하고 무서운 선생님의 형상을 하고 있기도 하지만, 좀더 들어가면 그 속에는 어떻게 살아야 하는가 하는 근본적인 질문이 육중하게 버티고 있기 때문이다. 어떻게 사는 게 제대로 사는 것인가, 사람답게 산다는 것은 무엇인가. 이런 질문들은 예나 이제나 사람들을 괴롭히곤 하는 묵직한 문젯거리들이다. 가장 좋은 것은 이런 질문과 맞닥뜨리지 않고 사는 것이다. 하루하루 정신없이 바쁘게 공부하고 일하면서 사는 것. 하지만 삶의 의미에 대한 질문은 어김없이 그 빈틈을 찌르고 들어온다. 그때 우리는 어쩔 수 없이 그 질문과 대면해야 한다. 우리가 아는 윤리와 도덕이란 모두 이런 질문에 대한 대답으로 마련되어온 것들이다. 윤리와 도덕은 곧 사람답게 사는 도리에 대한 가르침인 셈이다.

윤리와 도덕이라는 말은 그럼에도 약간은 상이한 어감을 가지고 사용된다. 도덕이라는 말은 좀더 전통적이고 객관적이며 절대적인 감이 있고, 윤리라는 말은 도덕에 비해 좀더 주관적이고 상대적이며 근대적인 느낌을 풍긴다. 이러한 어감의 차이는 구체적인 사용 속에 축적된 결과로서, 본디의 개념이 그런 차이를 지니고 있었던 것은 아니다.

현재 우리가 쓰는 도덕과 윤리라는 단어는 한자어의 전통적인 의미에 기초하고 있지만 기본적으로 서구어에 대한 번역어로서 근대로 접어들면서 만들어진 것들이다. 도덕은 라틴어 mores에 어원을 둔 단어 morality의 번역어로, 윤리는 희랍어 ethos에 어원을 둔 ethics의 번역어로 간주된다. 본래의 뜻을 따지자면, mores와 ethos 모두 풍속이나 관습을 뜻하는 말이이기에 morality나 ethics의 뜻도 그 연장에서, 한 사회 내부에 존재하는 관습적인 질서나 그것을 지키는 일로 파악될 수 있겠다. 이들의 번역어로서 소환된 한자어들의 경우도 사정은 이와 유사하다. 도덕의 도^道는 삶의 길을 지칭하는 추상적인 뜻(예를 들어,『중용』첫머리에는 성^性·도^道·교^教의 삼항조가 나온다. 여기에서 성은 하늘이 정해준 사람의 본성, 도는 그 본성에 따라가는 길, 교는 그 길을 닦는 것을 뜻한다)이 강하고, 윤리의 윤^倫은 사회 내부에 존재하는 질서(인륜 '륜^倫' 자는 차례 '서^序' 자로 풀이된다)를 지칭한다. '도'건 '윤'이건 통상적으로

한 사회나 공동체 내부에 존재하고 있는 관습적인 질서를 지칭하는 말에서 시작된 것이며, 이를 잘 준수하는 것을 일컬어 윤리적이라거나 도덕적이라고 말하는 것이다.

원환적 완결성을 질서의 정신적 근간으로 하는 전통사회는 어떻게 살아야 하는지에 대해 이미 대답을 마련해두고 있었다. 성스러운 책에 나와 있는 대로 살아야 한다는 것이 그 핵심이었다. 삼강오륜을 지키며 사는 것일 수도, 하느님과 알라의 계명을 지키며 사는 것일 수도 있겠다. 그런 삶은 숭고한 진리를 중심으로 형성되는 다양한 격식과 제의, 즉 예의와 범절로 체계화된다. 전통사회에서 윤리와 도덕은 그런 제반 범절을 잘 지킴으로써 완성되는 것이다. 예를 들어, 효도란 무엇인가.『효경』에 나와 있는 대로 행하는 것이다. 즉 부모로부터 받은 몸을 아껴 쓰고 자신의 이름을 날려 부모를 명예롭게 하는 것이 효도의 시작과 끝이며, 더 나아가면 예법책에 나와 있는 대로 살아 있는 부모에게 문안하고 죽은 부모에 대해서는 상례와 제례를 행하는 것이 곧 효도이다. 삶의 당위적 질서로서의 윤리와 도덕은, 전통사회에서는 격식과 예의를 지키는 것으로서 완성되는 것이었다.

하지만 문제는 그런 격식과 범절의 절대성이 붕괴되면서부터 발생한다. 근대에 접어들면서, 시대가 바뀌면 풍속도 바뀌어야 한다는 주장에서부터 외적 격식이 아니라 마음속에서 우러나는 진심이 중요하다는 주장과, 더 나아가서는 예법을 준수하는 것 자체가 형식주의나 위선에 불과한 것이 아니냐는 좀더 근본적인 비판까지 등장하게 된다. 근대와 더불어 시작된 이런 생각의 흐름들은 '내면의 진정성'이라는 표어를 내세워 율법주의를 허례허식이라 하며, 형식의 외적 틀로부터 벗어난 개인적 진실의 중요성을 강조했다. 이와 같은 양상은 윤리의 세계뿐 아니라, 내면성 혹은 진정성의 혁명이라 할 만한 것으로서 근대 문화의 모든 영역에 걸쳐 등장하기에 이른다. 격식의 엄격성을 추구하는 고전주의와 개성의 자유를 강조하는 낭만주의의 대립이 그 대표적인 예일 것이다.

근대의 윤리가 처한 곤경은 근본적으로 이와 같은 내면성의 혁명에 어떻게 대처하는지의 문제에서 비롯된다. 윤리와 도덕은 무엇보다 미리 정립되어 있는 기성의 규범을 존중하는 것으로부터 출발하는데, 그것이 부정된다면 윤리는 어떤 척도를 가지고 스스로를 유지해야 하는가. 외적 당위에 앞서 내적 욕망을 우선시하는 세계 속에서 규범의 근거를 어디에서 찾아야 하는가. 삶의 규범이 나의 의지와는 무관하게 미리 정해져 있는 것일 수 없다고 주장하는 순간, 근대적 주체는 스스로의 힘으로 규범을 찾아야 하는 과제에 직면하는 것이다.

물론 우리 대부분은 구체적인 생활 속에서 일반화된 삶의 지침을 체득하고 있다. 자신의 이익과 행복을 추구하되 다른 사람에게 피해를 주지 않아야 한다는 것이 곧 그것이다. 이는 '최대 다수의 최대 행복'을 기치로 하는 이익주의적 윤리관에서 적실한 표현을 얻고 있는 것이기도 하다. 하지만 이와 같은 윤리관은 대뜸 다음과 같은 반박에 직면하게 된다. 윤리란 선악의 문제를 논하는 것인데,

이익이나 행복의 문제를 논하는 것이 어떻게 윤리적일 수 있는가. 거짓말을 하거나 남의 것을 훔쳐서는 안 된다는 것이 궁극적으로 자기의 행복과 이익을 위한 것이라면, 그것은 윤리적 판단이 아니라 경험적 처세훈의 수준에 있는 것이 아닌가.

칸트가 도덕률에 관한 한 단 하나의 법칙이 있을 뿐이라고 했던 것은 이와 같은 논리적 난관 속에서였다. 그 법칙은 "네 의지의 준칙이 동시에 보편적인 법칙 수립이라는 원리로서 타당할 수 있도록 행위하라"라고 표현된다. 요컨대, 이것은 선악을 자기 자신이 판단하되 언제 어디서나 또 누구에게나 요구할 수 있는 수준에서 그렇게 하라는 것으로, 일찍이 "네가 원하지 않는 것을 남에게 하지 말라己所不欲勿施於人"고 했던 공자의 말과 정확하게 같은 수준에 있다. 이것은 구체적 규범의 절대성을 부정함으로써 시작된 근대성의 윤리가 도달할 수 있는 최선의 것이지만, 그러나 그것은 오로지 형식일 뿐 구체적으로는 어떤 내용도 보장할 수 없다는 점에서 한계를 갖는다. 어떤 판단이라도 그 자신이 보편적인 것이라는 확신 속에서 했다면 윤리적으로 정당하다는 결론에 도달하는 것이다. 스스로 옳다는 확신을 가지고 있는 한 그것이 어떤 나쁜 짓이라 하더라도 논리적으로 비판하거나 반박할 수 없게 되는 것이다. 곧 확신범 앞에서 칸트의 도덕 법칙은 무력해지고 마는 것이다.

근대의 윤리는 바로 이와 같은 난관에 봉착해 있다. 그렇다고 뒤로 물러설 수도 없다. 한 발만 물러서도 정해진 규범을 맹종하는 수준으로 떨어지거나, 행복주의라는 경험주의적 윤리관의 함정 속에 빠져버린다. 앞에서 윤리와 도덕이라는 말이 상이한 어감을 지니고 있음을 지적했지만, 도덕보다는 좀더 포괄적인 의미로 구사되곤 하는 윤리라는 말의 쓰임은 근대성의 윤리가 지니고 있는 이러한 한계를 보여주는 것이기도 하다.

절대적인 느낌을 주는 도덕이라는 말과 달리 윤리라는 말은 다양한 분야에서, 이를테면 생명 윤리, 성 윤리, 경제 윤리, 정치 윤리, 생태 윤리, 기업 윤리 등에서와 같이 다채롭게 구사되고, 심지어는 사기꾼의 윤리, 전쟁의 윤리, 도둑질의 윤리처럼 역설적인 의미로 사용되기도 한다(이런 경우 윤리라는 말은 모럴이라는 말로 대치할 수 있다. 여기에서 외래어로 쓰이는 모럴이란 도덕과는 전혀 다른 어감을 지니고 있고 오히려 윤리라는 말과 같은 의미로 쓰인다). 이처럼 다양하게 구사되는 윤리라는 말의 상대적인 쓰임을, '무슨무슨 윤리'라는 뜻에서 '하이픈 윤리'라 부르기도 한다. 물론 이 말은 윤리라는 말 자체가 지니고 있는 상대적인 속성을 비꼬아 일컫는 것이지만, 그렇다고 이런 책임을 전적으로 윤리라는 말에 부과하는 것은 무리이다. 그것은 윤리적 무정부 상태를 초래한 근대라는 시대 자체의 탓이라 해야 할 것이기 때문이다.

형이상학적 책임

절대적 규범의 사라짐을 배경으로 하는 근대의 윤리는 선택의 자유와 그에 따르는 책임에 의해 규정된다. 인간인 이상 누구나 실수나 잘못을 할 수 있다. 한 사람의 윤리성은 그가 한 행위 자체라기보다는 자기 행위에 대한 태도에서 결정된다고 해도 좋겠다. 그리고 그 태도가 분명하게 드러나는 것은 행위와 사태에 대한 책임의 형식에서이다.

이를테면 유럽의 다양한 서사문학에 등장하는 유명한 악당 돈 후안이 있다. 그는 못된 짓을 하다가 결국 천벌을 받을 상황에 놓인다. 그리고 죽기 직전 참회하고 지옥행을 면하라는 권유를 받는다. 어떻게 하는 것이 옳을까. 문제는 참회이되 중요한 것은 그 참회의 진정성이다. 냉큼 잘못했다고 비는 것이 한쪽 극단에 있다면, 다른 쪽 극단에는 끝까지 신에게 맞서며 자발적으로 지옥행을 선택하는 행동이 있겠다. 그 중간쯤 어딘가에는, 자기 잘못을 뉘우치면서도 스스로를 용서할 수 없어 지옥행을 선택하겠다는 태도도 있을 것이다. 어떤 것이 진정한 참회이며 자신의 행위에 대해 책임지는 방식인가. 쉽게 답하기는 어렵지만 최소한, 신의 존재를 확인하자마자 처벌이 무서워 냉큼 회개하는 것이 윤리적이지 않다는 점은 지적할 수 있을 것이다. 그것은 진정한 뉘우침이 아니라 자신의 이익을 향해 가는 것이기 때문이다.

독일 철학자 야스퍼스는 제2차세계대전이 끝난 후, 독일 국민들의 죄와 책임에 관한 문제에 대해 논하면서 '형이상학적 책임'에 대해 말했다. 그것은 죄와 책임에 관한 한, 논리 수준의 한 정점을 보여준다. 야스퍼스 자신은 히틀러 정권에 의해 교수직을 박탈당한 바 있는, 나치 협력에 관해서는 결점이 없는 사람이었다. 그는 두 가지 태도를 경계하고자 했다. 패전국의 곤란을 모면하기 위해

입으로만 행하는 사과 및 독일 국민 전체가 전범 취급당하거나 스스로를 전범화하는 태도가 그것이었다. 그는 가담한 정도에 따라 죄와 책임이 나뉘어야 한다는 생각으로, 나치 치하에서 사람들이 느끼는 죄책감을 네 가지로 구분했다. 책임의 궁극적 형태를 보여주는 형이상학적 책임은 그 네번째 항목으로 등장한다.

첫째는 법적 책임. 이 경우 법적 책임은 전쟁에 관한 국제법과 보편적인 것으로서의 자연법에 입각한 것이다. 나치 독일의 실정법을 지켰느냐 아니냐의 문제는 아닌 것이다(모든 독재자들은 법을 만들어서 '합법적'으로 통치한다. 문제는 그 법이 자연법의 정신에 어긋나는 이상한 법이라는 점이다). 이 문제는 법정에서 해결된다.

둘째는 정치적 책임. 여기에서 정치적 책임이란 자기가 나치 정권의 집권에 반대표를 던졌다고 해서 모면할 수 있는 성질의 것이 아니라는 것, 반대자이건 기권자이건 간에 합법적 절차를 통해 집권한 정권 아래에서 정상적으로 생활한 사람이라면 그 정권이 져야 하는 정치적 책임으로부터 자유로울 수는 없다는 것이다.

셋째는 도의적 책임. 이것은 자신의 양심의 법정에서 행해지는 판결이다. 나쁜 일에 가담하지는 않았다 하더라도 마음속으로 동조했다거나 혹은 자신의 의지와는 무관하게 불가피한 명령 등으로 인해 나쁜 일에 손을 담근 경우가 이에 해당된다. 물론 이것은 어느 누구도 판단할 수 없으며 해당자 자신만이 알 수 있는 것이다.

그리고 넷째로 형이상학적 책임(죄)이 등장한다. 나쁜 일이 행해지는 자리에 있었거나 그 사실을 알고 있는 사람이 있다. 물론 그는 자의건 타의건 간에 그 일에 가담한 적이 없고, 마음속으로 동조한 적도 없으며 오히려 피해자가 될 뻔한 위치에 있었다. 요행히 그는 나쁜 일의 피해자가 되는 것은 면할 수 있었다. 끔찍한 순간이 지나고 난 후 운좋게 살아남은 사람이 느끼는 죄책감, 곧 살아남은 자의 죄의식을 야스퍼스는 형이상학적 죄의식이라고 했다. 이런 경우는 나치에 의해 수용소에 갇혀 있다가 살아나온 유대인들에게서 대표적으로 드러났고, 또한 우리의 경우로 보자면 1980년 5월 광주를 산 채로 견뎌야 했던 사람들의 처참했던 죄의식도 여기에 해당되는 것이겠다.

그들이 무슨 잘못을 했는가. 잘못이 있다면 무고한 죽음 앞에서 대신 죽지 못한 죄가 있을 뿐이다. 형이상학적 책임은 이와 같은 방식으로 책임 윤리의 한 극점을 보여준다.

CHAPTER 16

이토록 하찮은 인생을……

변증법 dialectics

변증법이라는 말은 그리스어의 dialektike에서 유래한 것으로 대화술이나 문답법을 뜻하는 것이었다. 상대방의 논리가 지니고 있는 허점을 문답을 통해 밝혀냄으로써 자기 논리의 정당성을 밝히는 기술이었다. 변증법은 엘리아 학파의 제논을 창시자로 하며, 문답을 통해 진리를 향해 나아가고자 했던 소크라테스의 변론술로 널리 알려져 있기도 하다. 변증법이 이런 차원에서 좀더 나아가 새로운 논리학과 세계관의 형태로 자리잡게 된 것은 근대의 독일 철학자 헤겔에 의해서였다. 마르크스주의자들은 이를 이어받아 역사의 발전 과정에 대한 철학적 기초로 삼음으로써 변증법은 한층 중요한 의미를 지니게 되었다.

헤겔 철학의 논리적 뼈대가 되는 것으로서의 변증법은 무엇보다

운동과 변화를 포착하고 기술하는 논리라는 점에서 특징적이다. 헤겔은 자신의 삼단계 논리학(존재론, 본질론, 개념론) 중 첫번째에 해당하는 존재론에서, 그 첫번째 항목을 생성Werden으로 설정했다. 생성은 존재와 무의 통일로 이루어지는 것으로서, 존재와 무를 동시에 자기 안에 하나의 계기로 품고 있는 개념이다. 말하자면, 세상에는 순수한 있음도 순수한 없음도 없다는 것, 새로운 존재가 될 수 있는 계기를 품고 있는 무, 혹은 언제든 무화될 수 있는 한시적인 존재가 인식의 대상으로 의미 있는 것이며 그것이 세상의 실체라는 것이다. 따라서 이런 존재(=무)란 존재만도 아니고 무만도 아닌, 존재이면서 동시에 무인 어떤 것을 뜻하는데, 그렇다면 그것은 무엇인가. 시간 속에서 끝없이 있음과 없음을 반복함으로써 생겨나는 것, 곧 새롭게 생겨남이라는 뜻의 생성과 변화가 그것이다. 헤겔이 첫번째 의미 있는 항목으로 설정한 생성이라는 개념은 바로 그와 같은 변화나 운동을 지칭하는 개념인 것이다.

이처럼 운동과 변화를 포착하는 논리학이 헤겔식의 변증법적 논리학이다. 아리스토텔레스에 의해 정초된 전통적 논리학에 의하면, 있는 것(존재)은 있는 것이고 없는 것(무)은 없는 것이지 동시에 있으면서도 없을 수는 없다. 이것은 동일율(사람은 사람이다)과 모순율(사람은 사람이 아니다), 배중율(사람은 사람이면서 동시에 사람이 아닐 수는 없다. 둘 중 하나여야 한다. 배중율이라는 말은 양자택일의 중간항을 배제한다는 뜻이다)의 삼박자로 표현된다. 이런 틀에 대해 헤겔은 내용 없는 동어반복에 불과한 것이라고 비판했다. 전통적

인 형이상학에서 중요한 위치를 점하고 있던 "무로부터는 아무것
도 생겨나지 않는다"라는 명제를 공허한 논리라고 부정했던 것이
그 대표적인 예이다. 이와 같은 비판을 통해 헤겔이 제시하는 대안
이 곧 생성으로, 이것은 존재와 무 같은 서로 모순되는 것들이 결
합함으로써 생겨나는 발생과 소멸의 운동과 변화를 자기 안에 품
고 있는 개념이다. 형식적인 분류 틀에 붙잡혀 있는 고정된 대상이
아니라, 운동하고 변화하는 대상들이 세상을 채우고 있으며 그것
을 포착하는 일이 철학의 과업이라는 게 헤겔의 주장인 셈이다.

따라서 헤겔의 변증법적 논리학에서는 서로 상반되고 모순되는
요소들을 포착하는 것, 그리고 그런 요소들이 서로 반발하고 부정
함으로써 어떻게 새로운 요소로 종합되는지를 파악하는 것이 중요
한 과제가 된다. 흔히, 정반합正反合, 정립·반정립·종합이라 지칭되는
운동의 방식, 그리고 부정과 지양止揚, Aufheben 등의 용어들이 그의
논리학에서 핵심적인 위치를 점하게 되는 것도 그 때문이다. 정과
반이라는 서로 대립되는 요소들이 맞닥뜨려지고 서로를 부정하는
움직임 끝에 어떻게 새로운 요소로 탄생하는지를 설명하는 것이
곧 헤겔의 지양이라는 개념이 함축하고 있는 뜻이다. 여기에서 작
동하는 부정이라는 개념은 상대방의 존재 자체를 전면적으로 부정
해버리는 것이 아니라, 상대가 지니고 있는 통합될 수 없는 특정한
요소만을 부정하고 보존되어야 할 것은 끌어안은 채 새로운 차원
의 통합을 향해 나아가는 것을 뜻하며, 이를 전면적 부정과 구분하
여 규정적(특정한) 부정die bestimmte Negation이라 부른다. 헤겔은 이

같이 대립자들의 통일, 모순된 것들의 새로운 차원으로의 지양, 축적된 양적 변화의 새로운 질적 변화로의 전환 등의 방법으로 구성되는 사고방식을 변증법적 논리학이라 불렀다.

헤겔의 이와 같은 논리는 마르크스주의자들에 의해 그들 특유의 역사관과 결합함으로써 변증법적 유물론이라는 세계관을 형성하기도 했다. 그들은 인류의 역사를 대상으로 자연과학과 같은 합법칙성을 찾아내고자 했으며 그것을 역사 발전의 법칙이라 불렀다. 그들은 헤겔이 자신의 역사 기술에서 역사 진행의 원천이라 생각했던 정신을 대신하여, 해당 시기 인류가 지니고 있던 생산력과 그것을 처분하는 방식이었던 생산양식과의 상호관계에 의해 인류 역사의 단계를 구분했고, 이러한 이론화를 통해 현재 상태를 넘어서는 새로운 역사적 시대의 필연성에 대해 예견할 수 있다고 생각했다. 이들의 생각이 한때 세계의 절반을 지배하고 있었을 때 변증법은 매우 강력한 논리적 무기일 수 있었으나, 현실 사회주의가 몰락하고 냉전 체제가 해소된 이후로는 그 이전만큼의 힘을 지니고 있지 못한 것도 사실이다. 그러나 이러한 부침과는 무관하게 철학적 개념으로서의 변증법은 운동과 변화를 포착하고 표현하는 헤겔적인 용법으로 구사될 수 있을 것이다.

주인과 노예의 변증법

헤겔의 첫번째 주저인 『정신현상학』(1807)은 난해함으로 악명 높은 책이다. 이 책은 그리스 로마의 고전고대로부터 18세기에 이르는 유럽의 사상사를 추상적으로 기술하는 책이기도 하고 한 인간의 정신이 어떻게 원초적인 단계에서 높은 단계로 고양되는지를 다루고 있는 책이기도 하다. 감각과 지각, 오성의 단계로 구분된 의식에서 시작하여 자기의식과 이성, 정신을 거쳐 절대정신에 이르는 과정이 다뤄지고 있는데, 여기에서 '주인과 노예의 변증법'은 단순한 의식 속에서 자기의식이 움터나오는 부분의 핵심에 자리잡고 있다. 인간이 어떻게 스스로를 인식하고 자기 삶의 의미를 획득하는지를 보여주는 매우 시적인 이야기로서,『정신현상학』의 가장 빛나는 부분을 이루는 것이기도 하다.

'주인과 노예의 변증법'이 보여주는 가장 특징적인 점은 인간이 어떻게 자기의식과 삶의 자유를 획득하고 실현하는지를 보여주고 있다는 점이다. 자기 삶의 주인이고자 하는 한 사람이 어떻게 그 자신의 자유를 획득하고 확인할 수 있는가. 그런데 문제는 주인됨과 자유를 원하는 사람이 혼자가 아니라는 점이다. 누구나 그것을 원한다. 그래서 문제가 생겨난다. 현실 속에서 인간은 무엇인가를 끝없이 의욕하고 욕망한다. 자신의 주인됨은 자기가 하고자 하는 바를 자기 의지대로 실현하고 관철시킬 수 있는지 여부에 달려 있다. 그런데 서로 다른 의지와 욕망을 가진 주체들이 존재하고 있는 한에 있어 한 개인의 한계는 자명할 수밖에 없는 것이다. 한 사람의 주인됨은 스스로가 자기 삶의 주인임을 주장함으로써가 아니라, 그 주장에 대한 다른 사람들의 인정을 통해서만 가능하게 되는 것이다. 그래서 서로 다른 주체들 간에 이른바 '인정 투쟁'이 벌어진다. 욕망의 자유를 놓고 서로 다른 사람들 사이에서 주인으로서의 위신과 그것의 인정을 둘러싼 전쟁이 벌어지는 것이다. 헤겔은 이 싸움을 두고 목숨건 투쟁이라고 했다. 싸움은 승자와 패자를 낳는다. 목숨건 싸움이었기에 진 사람은 죽어야 한다. 그러나 승자는 패자를 죽이지 않는다. 승자가 주인의 지위를 누릴 수 있는 것은, 어디까지나 자신이 승자임을 보장해줄 수 있는 패자가 존재할 때에만 가능하기 때문이다. 그래서 승자는 패자의 목숨을 살려주는 대신에 그를 노예로 삼는다. 자기 옆에 노예가 있어야 승자는 자신의 주인됨을 확인받을 수 있기 때문이다. 목숨건 인정 투쟁의 결과로 주인과 노예, 지배와 예속의 관계가 발생하게 되는 것이다.

그런데 왜 이와 같은 주인과 노예의 관계 뒤에 변증법이라는 말이 붙었는가. 그 까닭은 이렇다. 주인이 인정 투쟁에서 승리한 사람인 것은 사실이지만, 이 인정은 자신의 승리의 증거로서 노예가 존재할 때에만 가능한 것이다. 싸움에서 진 노예는 주인에게 생명을 빚지고 노예로서 봉사하고 있지만, 문제가 생명이 아니라 인정이라면 오히려 그 인정은 주인이 노예에게 의존하고 있는 것이 아닌가. 곧 주인의 주인됨은 전적으로 노예의 존재에 의존하고 있다는 사태가 벌어진다. 노예가 있어 옆에서 자기 말에 복종할 때에만 주인은 주인일 수 있게 된다는 것이다. 게다가 주인과 노예의 구분은 단 한번의 전쟁을 통해서 이루어졌다. 전쟁이 끝난 후 시간이 흘렀다. 전쟁에서 이긴 주인은 노예의 봉사를 통해 주인으로 군림할 수 있었고 그것이 그의 삶을 의미 있게 만들었다. 노예는 주인의 명령을 받아 노동에 종사했고, 비록 저당잡힌 목숨이지만 노동을 통해 생산에 종사함으로써 자기 삶의 의미를 만들어왔다. 그가 경작하는 농작물들이 자신의 의지에 따라 커나가는 것을 보면서, 나무를 하고 집을 지으며 그것들이 현실 속에서 쓸모 있는 것으로 작동하는 것을 보면서 자기 삶의 의미를 확보하곤 했다. 그렇게 시간이 흘렀다. 그동안 오로지 누리기만 했던 주인과 끝없이 노동에 종사하며 생산에 참여해온 노예는 이제 어떻게 되었는가.

한때 목숨을 아끼지 않았던 용기로 승자의 자리를 차지했던 주인은 오히려 나태하고 무기력한 정신이 되어 있고, 반대로 노동이라는 자기 도야의 과정에서 스스로를 단련시켜온 노예는 주인이라는 자립적인 존재까지도 포용할 수 있을 정도로 고양된 의식이 되어 있는 것이 아닌가. 이런 상태가 되면, 주인은 단지 형식적인 자립성만을 지니고 있을 뿐이고, 실질적인 자립성은 노동을 하는 노예가 실천으로 보여주고 있는 것이다. 이 지점에 이르면 주인과 노예의 관계는 어느덧 역전되어 있는 셈이다. 정신적 우월성이라는 면에서 보자면, 노예가 이미 주인이고 주인은 어느덧 노예가 되어버렸다. 주인과 노예의 관계가 이처럼 변화하고 역전되는 과정을 일컬어 주인과 노예의 변증법이라고 부른다. 변증법이므로 이 역전도 한번에 끝나는 것일 수는 없다.

금욕주의, 회의주의, 불행한 의식
헤겔은 '주인과 노예의 변증법'을 바탕으로 세 가지 형태의 자기의식을 구분한다. 금욕주의와 회의주의, 불행한 의식이 그것이다.

금욕주의는 일체의 현실 세계로부터 물러나와 사유의 영역 속에서 스스로의 자유를 확인하는 의식이다. 여기에서 금욕주의란 일차적으로 그리스와 로마의 스토이시즘Stoicism을 뜻하는 것이지만 이런 특정한 철학이나 사조에 한정되는 것은 아니며, 현실과의 교섭을 차단한 채 자기 내부의 덕성을 도야하고자 하는 모든 사유 형태를 뜻한다. 무엇보다 금욕주의자는 자기의 자립성이 노예의 존재에 의지하고 있음을 깨달아버린 주인의 마음을 반영하고 있다. 그는 외부 세계와의 관계를 단절함으로써 이런 의존성으로부터 벗어나려 한다. 이를 통해 금욕주의자는 추상적인 덕성의 세계로 들어감으로써 '주인과 노예의 변증법'으로부터 한발 물러나 정신의 평정을 유지할 수 있다. 그러나 현실로부터 유리된 진리와 지혜, 덕성의 세계가 갖는 한계는 자명하다. 무엇이 지혜로운 것이고 선한 것인가에 대해 금욕주의가 제시할 수 있는 대답은 지극히 추상적인 것, 구체적 현실과 맞닥뜨리게 되면 쉽게 무너져버릴 연약한 것이다.

이와는 반대로 회의주의는 구체적인 삶과 마주하여 대상의 자립성을 부정하고 그 안에 자신의 의지를 관철시킴으로써 자신의 주인됨을 확인하는 정신이다. 이것은 쉴새없이 노동하는 노예의 마음과 흡사하다. 노예는 나무를 향해 다가가 도끼를 휘둘러 나무를 베고 그 나무를 장작으로 만든다. 이 과정에서 나무는 자립적인 나무가 아니라 자기에게 유용한 나무(장작)가 된다. 그러나 노예는 자기가 왜 그 일을 해야 하는지 알지 못한다. 일의 목적을 설정하고 이유를 마련하는 것은 노예가 아니라 주인의 몫이다. 자기 앞에 주어져 있는 임무를 완수하는 것, 대상을 부정하고(나무를 자르고) 그 속에 자신의 의지를 관철시키는 것(장작을 만드는 것)만이 회의주의자의 일이다. 이처럼 회의주의자는 모든 안정적인 것을 동요케 하고 눈앞의 타자들을 부정함으로써 자기의 존재를 확인한다. 그러나 '주인과 노예의 변증법'에서 그랬듯이, 회의주의자는 대상을 부정함으로써 스스로의 자유를 확인하지만 그의 자유는 거꾸로 부정의 대상들에 속박되어 있는 것이나 마찬가지며, 부정을 통해서만 삶의 희열을 맛볼 수 있는 회의주의자는 결국 부정의 대상들로 이루어진 삶 속에 철저하게 속박된 존재에 다름아니게 된다. 금욕주의자가 추상적 사유 속에 갇혀 있는 존재라면 회의주의자는 이유도 모르는 채 끝없이 일감을 찾아 두리번거리는 순수한 불안의 형태를 지니고 있으며, 이런 점에서 회의주의의 끝은 모든 것이 헛될 뿐이라는 허무주의로 귀결된다.

　불행한 의식은 금욕주의와 회의주의가 결합된 것으로서, 주인과 노예의 대극성 속에서 분열되어 있는 의식이다. 금욕주의가 세계를 좁히고 그 속으로 들어감으로써 순간적 평정을 찾는 의식이고 회의주의가 무한한 세계 속에서 방황하는 의식이라면, 불행한 의식은 금욕주의와 회의주의 사이에서 끝없이 부동하는 의식이다. 그 의식의 주체는 주인이면서 또한 노예이고 노예였는데 어느덧 주인이 된다. 끝없이 일에 몰두함으로써 자신의 처지를 잊는 회의

주의도, 좁은 단절의 공간 속에 칩거함으로써 마음의 평정을 찾는 금욕주의도 궁극적인 정주처가 될 수는 없다. 불행한 의식의 주체는 행위를 통해 자기 자신을 실현하고 스스로를 확인하지만 또한 동시에 그러한 행위의 덧없음과 허망함을 발견한다. 그것은 마치 끝없이 노동함으로써 자신의 존재를 확인하는 노예가 자신의 행위를 주인의 눈으로 확인하고 있는 것과 마찬가지다. 그런 시선으로 자기 자신을 바라볼 때, 자기가 무슨 굉장한 행동을 하건 간에 그것은 노예의 일에 다름아니며, 그 허망함을 자각하는 순간 그 자신은 가장 하잘것없는 존재로 전락해버린다. 그래서 그는 좁은 칩거의 공간에 스스로를 가두고 추상적 미덕으로 스스로를 구원하려하지만 그것의 한계 역시 자명하다. 그는 도망자이자 겁쟁이 노예에 불과하다. 다른 누가 아니라 자기 자신이 그 사실을 잘 알고 있다는 것이 문제이다. 그는 결국 이 공간에서도 온전한 자기의식을 확보하지 못한다. 불행한 의식의 주체 앞에 있는 것은 양 극단을 오가며 어디에서도 제 마음의 중심을 잡지 못하고 있는 한심한 존재인 것이다.

그러나 자신의 비천함을 자각하는 바로 그 순간이 불행한 의식의 주체에게는 새로운 고양의 순간이기도 하다. 완전한 자기부정에 도달할 수 있는 의식이 자기 자신을 바라보는 눈이란, 허망하기 짝이 없는 삶을 아등바등 살아가고 있는 자기 자신을 불쌍한 눈으로 바라보고 있는 초월자의 눈에 다름아니기 때문이다. 말하자면 자기 비하를 실천하고 있는 그는 이미 신의 눈을 지니고 있는 것이다. 불행한 의식은 이처럼 완전한 자기부정에 이르러, 누구나 한번쯤은 도달할 수밖에 없는 상태에 처했다는 점에서 하나의 보편성을 지니고 있지만, 아직 불행한 의식은 이 사실을 자각하고 있지는 못한다. 이것이 자각되는 것은 그다음 단계인 이성에 이르러서라고 헤겔은 덧붙이고 있다. 그러니까 온전한 자기의식에 도달하기 위해서는, 거울에 비친 자기 모습을 바라보면서 자기도취와 좌절을 왕복하는 사춘기 소년의 마음에서 벗어나, 다른 사람들과 세상을 바라보며 그 안에서 자기 자리를 찾고 자기 모습을 확인하는 태도가 필요하다는 것이다. 그것은 시선의 이동과 의식의 전환을 통해 이룰 수 있는 것으로, 바로 그 순간 자기의식은 불행한 상태를 빠져나와 세상과 다른 사람들을 향해 나아간다.

CHAPTER 17

······살아가게 하는 힘

앞에서 살펴본 바와 같이 변증법은 기본적으로 변화와 운동의 논리이다. '주인과 노예의 변증법'의 경우처럼 하나의 대상이 정반대되는 것으로 전도되고 전화되는 현상을 지칭하기 위해 사용되기도 한다. 헤겔 이후로 다양하게 구사되어온 변증법들의 몇 가지 경우를 살펴보자.

계몽의 변증법dialectic of enlightenment

계몽의 변증법은 호르크하이머Max Horkheimer, 1895~1973와 아도르노가 함께 쓴 책의 제목이다. 두 사람은 모두 유대계 독일인들로 프랑크푸르트 대학의 연구소에서 함께 연구 활동을 했다. 그들은 나치의 박해를 피해 미국으로 망명했고 제2차세계대전 와중에 이 책의 원고를 만들었다. 책은 전쟁이 끝난 후 1947년 암스테르담에서 간행되었으며 그후 20여 년간 독일의 지성계에 지대한 영향을 끼쳤다. 그런데 왜 계몽이라는 개념 뒤에 변증법이라는 말이 붙었는가.

계몽은 합리적인 근대 사유의 핵심으로서, 근대 이전의 미신적인 사유로부터 인간을 해방시킨 힘이다. 막스 베버는 이 힘을 탈마법화된 사유라고 지칭했다. 이는 비합리적인 미신으로부터 벗어난 상태라는 말이다. 그 어떤 신비적인 생각도 허용하지 않은 채, 인간이 지닌 합리적인 판단력과 실증적인 정신에 입각하여 분석하고 해석하고 판단하는 것이 곧 계몽적 사유이고 그 바탕에 놓여 있는 것이 계몽이성이다. 이런 뜻에서 계몽이성은 우리가 살고 있는 현대 세계의 정신적 기축을 이루는 것이다. 그런데 20세기 중반, 세계를 전쟁의 광풍으로 몰아갔던 파시즘의 미친 힘을 확인하면서 이 책의 저자들이 목격했던 것은 바로 그 계몽이성의 한계였다. 그것은 현대 문명 자체가 지닌 한계이기도 했다.

중세의 신학과 절대왕정의 압제로부터 인간을 해방시킨 힘이었을 때 계몽이성은, 외부의 어떤 권위에도 의지하지 않은 채 스스로의 지적 능력으로 모든 것을 해결하는 합리적 판단력으로 존재했다. 그런데 문제는 인간 해방을 이루어낸 계몽이성이 근대세계의 유일한 정신적 권위로 군림하면서부터 시작된다. 인간 중심의 사유에만 국한되는 것으로서의 이성은 점차 사회적 유용성이나 물질적인 계산 가능성의 형태로 드러나게 되는데, 이런 모습으로 전화됨으로써 계몽이성은 자신이 지니고 있던 인간 해방의 잠재력을 잃어버린 채 단순히 주어진 목표를 향해 생각 없이 나아가는 도구적인 것으로 전락하게 된다. 세계와 삶에 대한 포괄적이고 전면적인 사유를 대신하여 골격뿐인 논리가 등장하고, 감각으로 확인할 수 있는 대상 이외의 것에 대해서는 접근을 거부하는 실증주의적인 정신이 전면화된다. 이러한 면모는 무엇보다 자연을 대하는 인간의 태도에서 상징적으로 드러난다. 계몽이성의 토대가 인식과 행동의 주체로서의 인간인 한에 있어, 그 이외의 것은 모두가 주체로서의 인간 앞에 놓여 있는 단순한 대상이 되어버린다. 자연의 경우도 마찬가지다. 인간 중심적 사유 앞에서 자연은 더이상 마음의 고향일 수도 없고 또한 미지의 힘이 존재하고 있는 거룩한 곳일 수도 없다. 그저 지배와 개발의 대상으로 존재하는 초라한 원재료의 상태가 된다. 계몽이성에게 자연은 곧 지배와 개발의 대상일 뿐인 것이다.

지배의 논리로 전화된 계몽이성은 자연을 대상화했지만, 자연의 대상화는 인간의 대상화로 이어진다. 이것은 지배의 논리로 전화된 계몽이성이 초래할 수밖에 없는 필연적인 결과이다. 인간의 자연 지배는 인간의 자기 지배로 귀결된다는 것이다. 『계몽의 변증법』의 저자들은 호메로스의 서사시 『오디세이아』에 대한 분석을 통해 이를 절묘하게 포착했다. 아름다운 노래로 뱃사람들을 유혹했던 세이렌은 계몽이성에 의해 퇴출당한 자연의 모습이고, 또 그 노랫소리를 듣기 위해 자신의 몸을 마스트에 묶어놓는 오디세우스의 모습은 근대인의 전형으로 파악된다. 이런 방식으로 세이렌의 유혹을 이겨내는 오디세우스의 일화는 자기보존을 도모하는 계몽이성의 기본적인 전략과 결과를 보여준다. 외부에 있는 자연을 지배하기 위해서는 무엇보다도 자기 내부의 자연(곧 인간의 본성과 욕망)을 통제해야 한다는 것, 즉 인간의 자연 지배는 자기 자신의 본성에 대한 억압을 대가로 지불해야 한다는 것이 그것이다. 인간은 자연 지배의 대가로 죽음과 같은 고독과 소외를 감당해야 하는 것이다. 그것은 주체이고자 했던 인간이 자연뿐 아니라 스스로를 대상으로 만드는 것이며, 인간이 추구하는 궁극적인 목적을 잃어버리는 것에 다름아니다. 수용소에서 냉정하게 목적합리적으로 인간들을 관리하며 수백만을 학살한 파시즘의 광풍은 자기 지배의 합리성, 즉 목적합리성이 초래한 비합리성의 상징적인 표현이었다.

이처럼 모든 것을 대상화함으로써 자기 자신까지 지배와 통제의 대상으로 만들어버리는 계몽이성의 모습, 미신과 신화적 사유를 거부하는 것으로 시작되었으면서도 새로운 세계의 유일한 지배자가 됨으로써 그 자신이 다시 신화가 되어버리는 계몽이성의 모습에 대해 호르크하이머와 아도르노는 '계몽의 변증법'이라는 이름을 붙여놓았다.

변증법은 이처럼 모순과 역설이 발생하는 지점을 포착해내는 기제이다. 과학과 기술이 발달하여 멀리 있는 자식과 소식을 나눌 수 있으니 얼마나 행복한가라는 감탄에 대해, 기차와 기선이 없었으면 당신의 아들이 그렇게 멀리 떠나지 않았을 것이라는 대답을 맞세워놓으면서 『문명 속의 불만』의 프로이트가 지적하고자 했던 문명의 역설도 그런 경우에 해당된다. 계몽의 변증법은 계몽이성이 봉착해버린 역설적인 지점에 대한, 곧 신화가 되어버린 계몽과 비합리성이 되어버린 합리성에 대한 표현인 셈이다.

부정변증법negative dialectic

부정변증법은 헤겔의 변증법이 지니고 있던 현실 추수적인 요소를 제거하고 변증법 자체가 지닌 역동성의 계기를 살려내기 위해 아도르노가 제시한 개념이자, 1966년에 간행된 그의 저서 제목이기도 하다. 헤겔의 변증법이 운동의 동력을 얻는 것은 현존하는 대상에 대한 부정을 통해서이지만, 궁극적으로는 이 부정에 대한 또 한번의 부정을 통해 새로운 긍정의 상태에 도달하게 된다. 이것이 아도르노가 문제시한 헤겔의 정반합의 논리이다. 부정변증법이라는 개념으로 아도르노가 비판하고자 하는 것은 이처럼 결과적으로 긍정에 도달하게 되는 변증법의 모습이다. 그런데 왜 그것이 비판의 대상이 되어야 하는가.

헤겔의 변증법은 수많은 부정의 거듭에도 불구하고 결국은 부정에 대한 부정을 통해 궁극적인 긍정으로 귀결된다. 이 긍정이 최초의 긍정을 뜻하는 것은 아니지만 어쨌거나 이 긍정은 주체와 대상 사이, 그리고 정신과 현실 사이의 조화와 화해로 표현된다. "이성적인 것은 현실적이고 현실적인 것은 이성적이다"라는 헤겔의 명제가 이를 상징적으로 보여주는데, 여기에는 입헌군주제를 인륜성의 완성으로 간주하며 프로이센 왕국의 국가 철학자 격이 되었던 만년의 헤겔의 모습이 투영되어 있다. 헤겔이 입각해 있는 현상학적 사유에 의하면, 현실 속에 존재하는 모든 것들은 그 나름의 근거와 이유가 있으며 서로 대립되는 요소들의 화해의 결과이다. 그것은 실정성實定性, positivity(여기에서 positive라는 형용사는 주로 실증적, 긍정적 등으로 번역되는데, '실정법'이라는 말에서처럼 현실적 존재라는 의미에서는 실정적으로 번역된다)이라는 말로 표현되는데, 아도르노의 입장에서 보자면 이것이 문제이다. 실정적인 존재들, 예를 들어 여러 형태의 국가나 가족 같은 현실 속의 다양한 제도들은 물론 그것이 나름의 존재 이유를 가지고 있기는 하지만, 그것에 대한 전폭적인 인정에 도달하면 변증법적 사유는 자신의 비판적 잠재력을 상실해버리는 까닭이다. 더욱이 변증법적 사유가 실정성(곧 긍정성)에 대한 추인으로 귀결되면 그것은, 아도르노의 표현을 빌리자면 동일성 사유, 즉 자신과 동일한 것은 보존하고 그렇지 않은 것은 배제하는 닫힌 체계의 사유 형태로 귀결되어버린다. 사유가 자신의 체계를 완결된 것으로 간주한 채 더이상 자기 자신에 대해 반성하지 않게 된다는 점에서 문제가 되는 것이다.

아도르노가 부정변증법의 이름으로 비판하고자 하는 것은 이처럼 닫힌 사유의 체계이다. 그는 부정의 부정은 극단적인 경우에도 긍정성positivity(이 경우 긍정성은 실정성과 같은 뜻이다)이 아니라는 말로 이러한 생각을 표현했다. 이를테면 지젝에 의해 자주 인용되는, 소련에서 이민을 떠나고자 했던 한 유대인에 관한 농담이 있다. 소련의 이민국 관리가 그 유대인에게 왜 나가려 하느냐고 묻자, 공산당이 흔들려 사회 불안이 조성되면 유대인들이 그 죄를 뒤집어 쓰게 될 것이기 때문이라고 대답했다. 그런 일은 결코 일어나지 않을 거라고 관리가 말하자, 유대인은 바로 그것이 떠나고자 하는 두 번째 이유라고 답했다. 여기에서 부정의 부정은 긍정이 아니라 좀 더 격렬한 또다른 형태의 부정으로 연결될 뿐이다. 부정을 거듭할수록 그곳을 떠나겠다는 의지는 더욱 강렬해지는 것이다.

부정변증법은 화해된 상태로서의 실정성에 대한 거부이며, 스스로의 자명성을 주장하는 완결적이고 폐쇄적인 사유에 대해 거듭 모순적이고 역설적인 요소를 투여해 넣음으로써 새로운 역동성을 산출해내고자 하는 의지의 표현이기도 하다. 그래서 부정성으로서의 변증법은 칸트의 경우처럼 방법론적인 것도 아니고 헤겔의 경우처럼 실체적인 것도 아닌, 사유와 이념에 대한 태도에 가깝다. 진리는 어떤 순정하고 순수한 것으로 고정되는 순간 더이상 진리일 수 없으며, 자기의 대립자를 품은 채로 또다른 지점을 향해 나아가는 순간에만 진리라는 이름에 값할 수 있다는 생각, 자기반성이 없는 사유는 그 어떤 것이라도 결코 진리에 도달할 수 없다는 생각 등이 부정변증법이라는 개념 속에 표현되어 있다. 물론 이런 생각의 토대와 단초들은 헤겔의 논리 속에 이미 존재하고 있다는 점도 지적해 두어야 하겠다.

정지상태의 변증법Dialektik im Stillstand

정지상태의 변증법은 근대세계의 시간의식과 역사를 바라보는 관점에 대해 독일 비평가 벤야민Walter Benjamin, 1892~1940이 구사했던 개념이다. 과학기술 문명의 비약적인 성장에 의해 이루어진 근대세계의 시간의식은 무엇보다 진보와 발전이라는 말로 대표된다. 전통세계가 농경사회에 기반을 둔 순환적인 시간의식에 입각해 있다면, 근대세계는 산업사회의 경제적 성장이 빚어낸 직선적이고 발전적인 시간의식을 바탕으로 삼고 있다. 어제보다는 오늘이 나아졌다는 '경험 공간'과 오늘보다는 내일이 좀더 나아지리라는 '기대 지평' 속에서 이 같은 시간의식은 구현된다. 아버지와 아들이 동일한 교과서로 공부를 했던 것이 전통사회라면, 비약적으로 변화하는 환경 속에서 언니와 동생의 교과서조차 같을 수 없는 것이 근대사회인 것이다.

시간의식이 이처럼 순환적인 것에서 직선적인 것으로 변화하면 역사를 바라보는 관점도 달라질 수밖에 없다. 과거에 대한 집단적 기억으로서의 역사는 단순히 과거의 사실에 대한 나열일 수는 없으며, 현재라는 목표지점을 향해 달려오는 하나의 단절 없는 선분의 형식으로 재편된다. 과거는 현재의 전사前史로서만 의미를 가질 수 있으며, 미래도 역시 과거와 현재가 만들어지는 함수의 연장으로 상상된다. 그런데 이와 같은 역사의식은 어김없이 승자들의 시선에 의해 만들어진다는 점이 문제이다. 과거와 미래를 잇는 하나의 연속선을 상상하며 과거를 기술하는 현재의 역사가는, 그것이 현재의 것이건 미래의 것이건 간에 어김없이 승자의 시선에 입각해 있다. 그래서 모든 역사는 승자의 기록일 뿐이다. 그 속에서는 어떤 비참한 패배의 기록이라도 결국은 궁극적 승리의 초석이 되는 어떤 것이다. '야만의 기록이 없는 문화란 있을 수 없다'고 했던 벤야민의 말도 이런 점을 지적하고 있다.

벤야민은 바로 이와 같은 시간의식의 외부를 사유하면서, 즉 균질적이고 공허하며 중단 없이 이어져오는 시간이라는 생각(예를 들면, '면면히 이어오는 반만년의 유구한 역사' 같은 말)에 대해 비판적 시각을 견지하면서 정지상태의 변증법이라는 말을 썼다. 승리한 과거와 보장된 미래로 구성되는 승자들의 시간의식 속에서 현재는 단지 둘 사이의 과도기일 뿐이며, 기계적인 시간 흐름의 한 순간으로서의 현재에는 그 어떤 긴장도 있을 수 없다. 그러나 그런 시간의 연속성을 가로지르며 등장하는 것이, 벤야민이 "현재 시간Jetztzeit"이라고 불렀던 패자들의 시간의식, 고통과 행복과 구원의 이미지로 대전되어 있는 메시아적인 시간의식이다. 그것은 마치 태풍의 눈처럼, 복합적인 힘에 의해 여러 방향에서 당겨져 있기 때문에 고요하게 정지해 있는 것처럼 보이는 고도로 충전된 상태의 시간이며, 과거와 미래가 그 안에서 고통과 희망의 복합적인 메시지로 뒤엉켜 있는 상태이다. 이러한 모습을 벤야민은 "변증법적 형상"이라고 했다. 정지상태의 변증법이란 그것의 다른 이름이기도 하다.

그 어떤 경우에도 승리하도록 예정되어 있는, 마치 기계처럼 자신의 흐름을 지속해가는 스탈린주의 변증법과는 달리, 정지상태의 변증법은 메시아의 도래처럼, 갑자기 들이닥치는 마른하늘의 번개처럼 한밤중의 도둑처럼 그 연속적인 흐름을 폭파하며 등장한다. 이것이 벤야민이 생각했던 진정한 혁명의 이미지이다. 자기 속에서 스스로의 외부를 발견하고 그것과 투쟁하며 새로운 흐름으로 다시 태어나는 것이 변증법의 논리라면, 그것은 최소한 유장한 흐름과 같은 것은 아니라는 생각, 오히려 수많은 단편적 요소들의 비약적 결합을 통해 만들어지는 열망의 에너지가 폭발 직전의 불꽃탄처럼 충전되어 있는 상태에 가깝다는 생각이, 정지상태의 변증법이라는 벤야민의 개념 안에 내장되어 있다.

CHAPTER 18

증여의 질서

증여 gift와 교환 exchange

옛날 어느 나라에 장군이 있었다. 병사들과 생사고락을 같이하는, 능력 있는 장군이었다. 전쟁터에서 휘하의 군사들을 점검하다가 등창이 나서 고생하는 한 병사를 보았다. 장군은 그 병사의 종기에 입을 대고 피고름을 빨아냈다. 종기로 고생하던 병사는 물론 그 장면을 지켜본 모든 군사들이 장군의 태도에 감동했다. 하지만 이 소식을 들은 그 병사의 어머니는 슬퍼하며 소리 내어 울었다. 마을 사람들이 의아해하며 묻자 그 어머니는 말했다. 장차 내 아들이 전쟁터에서 죽게 될 텐데, 어찌 슬프지 않겠는가.

이 병사의 어머니는, 교환의 질서와 구분되는 증여의 질서를 정확하게 간파하고 있다. 말뜻 그대로 보자면 교환은 주고받는 것이고, 증여는 그냥 주는 것이다. 교환의 질서가 현재 우리 삶의 핵심적인 요소라는 점에는 긴 설명이 필요 없을 것이다. 자본주의 시장 경제의 으뜸가는 원리가 등가교환이기 때문이다. 그렇다면 증여의 질서란 무엇인가. 단지 주기만 하는 것인가. 일단 간 것이 있는데 오는 것이 없기는 어렵다. 위의 예에서처럼 장군은 단지 자기 휘하 병사의 병을 걱정했을 뿐이지만 그 행위는 다른 형태로 보답받는다. 자기를 배려하고 인정해준 장군에게 병사가 돌려줄 수 있는 최고의 것은 목숨건 충성일 것이다. 어머니가 슬퍼했던 것이 바로 그것이기도 했다. 내게 주어진 신뢰와 사랑이라는 무형의 선물은 목숨으로 갚아야 한다는 것.

그렇다면 교환이나 증여는 모두 주고받는 것이라는 점에서는 마찬가지가 아닌가. 이 둘은 어떻게 구분되는가. 최소한 세 가지 점을 지적할 수 있겠다.

첫째, 교환과 달리 증여는 계량 가능한 물질을 매개로 하지 않는다. 교환은 시장에서 이루어지는 상품의 매매를 기본 모형으로 한다. 파는 사람과 사는 사람 사이에 상품과 화폐가 오간다. 계산은 정확해야 하고 필요하다면 영수증이 발행되어야 한다. 그러나 증여는 계산이 개입하지 않는다는 점에서 교환과 다르다. 물론 물질적인 것이 개입할 수도 있다. 하지만 여기에서의 물질은 상품이 아니라 선물의 형태를 지닌다. 상품과는 달리 선물은 물질 그 자체가 아니라 그 속에 있는 다른 어떤 것, 사랑이나 애호나 배려 같은 마음의 표현이다. 그래서 선물이 오가는 곳에서는 교환가치나 상품의 지위를 환기시키는 요소들, 영수증이나 가격표 같은 것들은 깨

끗하게 제거되어야 한다. 그런 냄새가 나지 않을수록 좋은 선물이다. 직접 뜨개질한 목도리처럼 값이 없거나 어머니에게 물려받은 할머니의 반지처럼 값을 헤아릴 수 없는 물건이 사랑하는 사람을 위한 선물로서는 최상급일 수 있다. 그렇지 않다고? 선물의 값이 문제가 되는 관계라면 그들은 사랑이 아니라 거래를 하고 있는 중이다.

둘째, 교환에서는 주고받는 일이 동시적으로 이루어지지만, 선물을 둘러싼 증여와 답례는 시간을 두고 이루어진다. 그래서 증여는 '지연된 교환'이다. 선물을 받았다고 바로 다음날 같은 값의 다른 물건으로 답례한다면 어떻게 되나. 그것은 당신의 마음을 받는 일이 부담스럽다는 것이고, 우리는 그런 것을 주고받을 사이가 아니라는 뜻이고, 그래서 그들이 친구 사이였다면 앞으로 만나지 말자는 표현이 될 것이다. 물론 가장 좋은 절교의 수단은 받은 것을 그대로 돌려주는 것 혹은 상대에게 돌려달라고 요구하는 것이다. 교환은 물건을 사고 값을 지불하는 일처럼 받은 것과 정확하게 같은 것을 돌려주는 것을 최선으로 삼지만, 선물에 대한 답례는 받은 것과는 매우 다른 것을 매우 다른 방식으로 돌려주는 것이 최선이다. 진짜 선물이라면 끝까지 아무런 답례를 하지 않는 편이 좋을지도 모른다. 받은 것은 물건이 아니라 마음이기에, 그것은 돌려주기보다는 자기 가슴속에 품고 있는 것이 더 좋을 것이기 때문이다.

셋째, 교환과는 달리 증여에는 이해관계가 개입하지 않는다. 교환은 그것이 자유로운 등가교환이라면 서로에게 이익이 되어야 최선이다. 파는 사람도 사는 사람도 만족하는 거래가 최선인 것이다. 그러나 증여에는 이해관계라는 개념 자체가 아예 개입하지 않는다. 이익이나 대가가 개입한다면 선물은 뇌물이 된다. 병사의 종기를 빨아준 장군의 경우도 마찬가지다. 순수하게 병사를 걱정하는 마음이었다면 그는 증여의 질서 속에 있지만, 병사들의 사기를 높여 전투력을 강화하고자 했던 계산에서 비롯된 것이었다면 그는 이미 교환의 세계에 있다. 슬퍼한 병사의 어머니는 이 장군의 행동 속에 있는 교환자의 마음을 읽었는지도 모른다. 병사의 운명에 관한 이 이후의 이야기는 여러 가지 버전이 있을 수 있지만 표준적인 것은 장군을 위해 목숨을 바친 병사의 모습일 것이다. 이런 경우라면, 자기에 대한 배려와 신뢰로 해석된 장군의 행동에 대해 목숨으로 갚은 병사만이 증여의 질서 속에 있었던 셈이다.

이와 같은 증여의 논리는, 등가교환을 핵심으로 하는 교환의 세계의 외부자이다. 이런 점에서 증여는 자본주의 생활 질서와는 다른 어떤 것, 그 이전이거나 이후거나 그 위에 있거나 아래에 있는 어떤 것이다. 마르셀 모스Marcel Mauss, 1872~1950는 『증여론』(1925)을 통해서, 다양한 인류학적 자료들을 통해 이 같은 증여의 질서에 대해 논증하고, 이것이 좀더 일반적인 차원의 논리로 전개될 수 있는 가능성에 대해 보여주었다.

포틀래치|potlatch

포틀래치는 북서부 아메리카 해안에 사는 아메리카 선주민들의 특이한 풍속을 지칭하는 말이다. 그들 중 한 부족인 치누크족의 어법에 따르면 포틀래치는 본디 '식사를 제공하다' 또는 '소비하다'를 뜻한다. 우리말로 번역하자면 '큰 잔치' 정도에 해당되겠다.

포틀래치의 풍속은 북부 아메리카의 서해안에서부터 동부 시베리아에 이르는 여러 부족들에게서 포괄적으로 발견되는데, 특별한 행사나 제사가 있을 때 그 모임에 참석하는 집단의 우두머리들이 그동안 축적해온 부와 재산을 매우 폭력적이고 경쟁적인 방식으로 탕진하거나 파괴해버리곤 하는 것이 그것이다. 이를테면 값비싼 모포를 수백 장 쌓아놓고 불을 질러버린다든지, 그 사회에서는 신성한 화폐 구실을 하는 구리판을 조각내서 바다에 버린다든지 하는 등의 행위이다.

자본주의적 경제인의 관점에서 보자면 이것은 매우 우스꽝스럽고 일견 기이해 보이기도 한다. 이런 장면을 상상해보면 어떨까. 결혼식을 하는 날 예식장 주차장에 손님들을 모아놓고 수북이 쌓인 오만원짜리 지폐 더미에 불을 놓아 캠프파이어를 한다. 돈 한 푼에 죽고 사는 세상인데, 진짜 돈 오만원짜리로 이런 장면을 연출한다면 이 얼마나 굉장한 일인가.

그런데 우리는 과연 저 사람들을 이런 식으로 비웃을 자격을 가지고 있는가. 우리가 우리 삶에서 행하고 있는 과시형 소비들은 어떤가. 값비싼 책으로 가득 차 있는 어떤 집의 벽면은 값으로 치면 십만원짜리 수표로 도배한 것이나 마찬가지고, 명화로 장식된 벽면이라면 천만원짜리 수표로 도배한 셈일 것이다. 물론 그 책이 수

시로 꺼내 보는 책이라거나, 놀라운 색채의 향연으로 그 앞에 있는 사람을 행복하게 만들어주는 그림이라면 또다른 문제일 것이다. 이런 특별한 경우가 아니더라도, 우리가 먹고 입고 자는 데 일상적으로 지출하는 비용이나 혹은 우리가 끌고 다니는 승용차나 우리를 태우고 다니는 버스, 지하철, 기차, 비행기 등을 만들고 유지하는 데 드는 비용을 생각해보면 어떨까. 아메리카 선주민들의 관점에서 보자면 이 또한 포틀래치가 아니라고 할 수 있을까. 비행기를 타고 있는 우리는 아마도 이렇게 대답할 것이다. 이것은 당신들의 포틀래치와는 경우가 다르다고, 우리의 편리와 행복을 위해 지출하는 것은 근거와 이유가 있는 비용이라고. 이에 대해, 수백 장의 모포를 쌓아놓고 그 옆에서 횃불을 들고 있는 추장은 이렇게 대답할 것이다. 불붙은 모포를 보면 나도 행복하다.

포틀래치에서 중요한 것은 경쟁과 답례의 원리이다. 자신에게 중요한 것을 파괴함으로써 그 대가로서 얻게 되는 것은 위신이다. 그럼으로써 그는 손님 접대를 제대로 할 수 있는 능력이 있고 또 그런 도리를 아는 사람이 되는 것이다. 그래서 포틀래치는 자기의 경쟁자를 압도하기 위한 수단이 되기도 한다. 포틀래치로 대접을 받은 경쟁자는 이제 답례를 해야 한다. 방법은 두 가지이다. 상대를 능가하는 답례를 함으로써 포틀래치의 경쟁 대열에 합류하거나 상대의 위력 아래 무릎을 꿇는 것.

자기에게 소중한 것을 파괴함으로써 공격적인 위신을 얻는 것, 이것은 일종의 자해 공갈이다. 그래서 이것은 아메리카 선주민에게 국한된 것이라고 할 수 없다. 한 사람에게 가장 소중한 것은 무엇인가. 아메리카 선주민들은 재물을 파괴했지만, 그보다는 자신의 신체나 목숨 같은 것이 더 값진 것이라고 해야 할 것이다. 그렇다면 자기 생명을 파괴하는 일은 어떨까. 우리 앞에 존재하는 가장 위대한 포틀래치의 추장은 예수나 소크라테스 같은 이들이 아닐까. 그들은 모두 피할 수 있는 죽음을 피하지 않았고, 자신의 목숨을 담보로 발언권을 얻었다. 그래서 그들의 말은 예사롭게 들을 수가 없다. 그들과 맞서고자 한다면 우리 또한 그들을 능가하는 포틀래치를 해야 한다. 그들은 보통 사람들이 할 수 없는 포틀래치를 통해 남다른 위신을 가진 존재, 숭고하고 성스러운 존재가 되었다. 물론 손익의 합리성을 따지는 경제인의 관점에서 보자면 이들의 존재는 기이하거나 우스꽝스러운 것이기도 하겠다. 숭고한 대상은 언제나 이런 기괴함과 우스꽝스러움을 지니고 있다. 그것은 포틀래치 자체가 지니고 있는 속성이기도 하다.

순수 증여와 저주의 몫

포틀래치가 우리에게 가르쳐주는 것은, 등가교환을 축으로 이루어지는 자본주의적 경제 원리가 우리 삶의 전부일 수는 없다는 것이다. 물론 등가교환의 원리는 식당에서의 개별 계산처럼 합리적이고 쾌적하고 위생적인 원리이다. 돈이 있어 필요한 물건을 사는 것은 그것 자체 이외의 어떤 정신적 에너지도 필요치 않다. 그러나 누군가에게 선물을 주거나 받는 일은 쉽지 않은 일이어서 많은 정신적 에너지를 요구한다. 무엇을 선물해야 할까, 어느 정도가 적당할까, 혹시 뇌물로 보이면 어떡하나. 내가 받은 이 선물의 의미는 무엇일까, 이걸 받아도 되나, 이 마음을 어떻게 갚아야 하나 등등. 살다보면 뜻하지 않는 선물을 받기도 하고, 평생 갚아도 갚을 수 없는 신세를 지기도 한다. 그런 것이 우리 삶이다. 우리의 의지나 기획과는 무관하게 진행되기도 하고, 공평함이나 인과응보와는 다르게 귀결되기도 하는 것이 우리 삶의 실상이다. 삶이 지닌 그런 울퉁불퉁한 단면들을 매끄럽게 절삭해놓은 것이 곧 교환의 질서이다.

이같이 매끄러운 교환의 질서로부터 가장 반대편에 놓여 있는 것이 순수 증여이다. 그것은 마르셀 모스의 『증여론』을 비판했던 자크 데리다에게서 빌려와 나카자와 신이치中澤新一가 재조립해낸 개념이다. 말 그대로 어떤 답례도 불가능한 증여, 대가의 개념 없이 일방적으로 쏟아지는 절대적 증여를 순수 증여라 부를 수 있다. 그러나 과연 그런 것이 어떻게 존재할 수 있을까. 익명의 기부나 희사 같은 것이 있을 수 있다. 물론 이것이 순수 증여인 것은 어디까지나 받는 사람의 입장에 섰을 때이다. 고마운 마음을 전달할 길이 없기에 말이다. 하지만 기부자의 입장에서는 어떨까. 익명의 기부자는 말하자면 자신의 재물을 천국에 쌓은 것이 아닌가. 그가 느낄 뿌듯함이나 모종의 불편함 같은 것은 순수 증여의 대가일 것이다. 그래서 순수 증여란 받는 사람의 입장에서만 성립 가능한 개념이다. 기독교에서 말하는 신의 사랑이나, 그 한복판에 유추의 모체로 존재하고 있는 부모의 사랑 같은 것도 순수 증여의 대표적인 사례라 할 것이나, 그것들도 역시 신이나 부모의 입장이 아니라 자식들의 입장에서 성립된 개념인 것은 마찬가지이다.

순수 증여의 가장 뚜렷한 상징은, 무엇보다도 태양이 아닐 수 없다. 태양계에 사는 모든 생명체들에 관한 한, 태양은 모든 에너지의 유일하고도 절대적인 원천이다. 그 에너지는 무제한적이고 일방적이다. 우리가 태양에 감사한다 한들 그 감사를 전달하거나 실현할 길이 없다. 태양의 입장에서 보자면, 그가 발하는 에너지는 대가 없는 것이며 보답받을 수 없는 것이기에, 엄청난 규모의 지속적인 포틀래치이며 보상 없는 낭비이자 사치이고 또 절대적 증여에 해당할 것이다.

지구상에 사는 생명들의 세계에서 보자면 태양의 에너지는 언제나 차고 넘친다. 그 자체로 과잉과 잉여로서만 존재하는 것이다. 지구상의 생명체는 자기가 확보한 에너지를 성장(생존)과 번식이라는 두 가지 목적을 위해 쓰거니와, 생명체들이 이를 위해 확보하고자 하는 에너지도 언제나 잉여를 향해 나아간다. 필요보다 많은 양을 축적하고자 하는 경향은 단지 사람들의 뱃살이나 내장 지방의 경우만은 아니다. 문제는 지속적으로 축적되는 이 잉여 에너지가 어떻게 처분되는가 하는 것이다. 개체의 성장과 유지와 증식 같은 생명의 목적 바깥에 있는 에너지는 어떤 식으로건 낭비되거나 폐기될 수밖에 없다. 생명체가 지니고 있는 이와 같은 잉여 에너지, 결국 파국적으로 소비될 수밖에 없는 힘을, 조르주 바타유[Georges Bataille, 1897~1962]는 '저주의 몫'이라고 불렀다. 이것은 그의 책 제목이기도 하거니와, 인간의 삶 속에 있는 비합리적이고 설명하기 어려운 부분을 지칭하는 것이기도 하다.

사람들은 가끔씩 어이없는 일을 하기도 한다. 이 점에 관한 한, 한 개인이나 집단이나 사정은 마찬가지다. 아무것도 아닌 일로 목숨건 싸움을 하기도 하고 미친 듯 열광하기도 한다. 크게는 인류가 벌인 대형 전쟁들과 대학살의 참상들이 그렇고, 스포츠에 관한 대중적 열정들이나 좀더 작게는 두 사람 사이에 벌어지는 감정의 게임 같은 것도 마찬가지다. 미안하다는 말 한마디 건네지 못해 평생 원수로 지낸다면 그 두 사람 사이에는 '저주의 몫'이 작동하고 있는 것이라 해도 좋겠다. 한발 더 나아가 바이러스 같은 생명체의 시각으로 보자면 어떨까. 인간이라는 지나치게 고등하고 정교한 유기체의 존재 자체가 우주의 사치이자 저주의 몫이라 해야 할 것이다.

자연의 세 가지 사치: 먹기, 죽음, 유성생식

바타유는 자연이 누리는 세 가지 사치가 있다고 했다. 먹기와 죽음과 유성생식. 먹는 일이 사치라는 것은 현재 우리가 누리고 있는 고도로 세련된 식탁의 형식과 내용들을 떠올리는 것만으로도 직관적으로 이해할 수 있다. 식재료들을 선별하고 먹을 수 있는 부분을 골라내고 다양한 형태의 열과 양념으로 조미해내는 과정을 상상해보자. 생명의 유지를 위한 양분의 섭취라는 점에서 보자면 전혀 불필요한 부분들이며 어찌 보면 해롭기까지 한 것이기도 하다. 백

미보다는 현미가, 사과도 껍질째 먹는 쪽이 건강에 좋다는 것은 상식이다. 먹기가 생명 유지를 위해 에너지를 흡수하는 일이라면, 조리된 음식을 도구를 사용해 먹는 인간적인 먹기의 절차는 물론이고, 그것을 씹어서 삼키고 소화시키는 짐승 차원의 동작과 절차들도 또한 낭비이자 사치이다. 먹이를 잡아 맛있는 곳만 파먹고 버리는 호랑이보다는, 먹잇감을 통째로 삼켜서 녹여버리는 뱀 쪽이 훨씬 낭비 없는 생명체에 가까울 것이고, 광합성을 통해 태양에너지를 직접 흡수하는 식물들은 이들보다 훨씬 더 유지 비용이 적게 드는 경제적 생명체일 것이다.

이런 관점에서 볼 때 유성생식이 사치라는 것은 당연한 말이다. 단세포 동물처럼 스스로 분열해가며 번식하는 것이 기본이라면, 암수로 나뉜 상태에서 온갖 매개와 절차를 거쳐 쉽지 않게 대상을 선택하고 번식에 이르게 되는 사람이나 호랑이의 경우는 물론이고, 잠자리나 장미의 경우도 사치나 낭비가 아닐 수 없다.

그런데 죽음이 어떻게 사치라는 것인가. 기계의 시선으로 보자. 이를테면 인간이나 호랑이나 거북이 같은 존재들은 얼마나 정교한 기계들인가. 그런 정교한 기계 하나를 만들어내는 데 자연은 얼마나 많은 에너지를 사용했는가. 그런 기계가 갑자기 작동을 정지하고 파괴되는 것이 죽음이다. 그러니 정밀한 기계로서의 유기체가 소멸되는 것으로서의 죽음이란, 부속만 갈면 더 쓸 수 있는 자동차나 노트북을 폐기하는 것에 비할 수 없는 굉장한 사치이자 낭비가 아닐 수 없겠다.

바타유가 이런 식의 개념화를 통해 말하고자 하는 것은 무엇일까. 지구상에 존재하는 생명들은 결국 태양이 행한 사치와 낭비의 산물이라는 것, 생명체들의 역사도 어떤 정교한 의도나 목적의 산물이기보다는 자연 속에 존재하는 에너지의 어떤 광적인 분출의 결과라는 것, 그래서 인간이라는 것도 그 존재 자체가 어떤 거대한 힘의 낭비와 잉여의 자식이라는 것, 아마도 이런 것이 아닐까. 그러니 인간이 만물의 영장이니 하면서 잘난 척하는 논리는 이런 자리에 끼어들 여지가 없겠다.

CHAPTER 19

냉소적인, 너무나 냉소적인

냉소주의와 키니시즘

'쿨하다'는 영어식 표현이 유행하고 있다. 긍정적인 뜻으로 사용되는 말이므로 멋지거나 좋다는 뜻으로 이해하면 될 것이다. 어떤 것이 멋있고 좋은 것인지에 대해서는 사람이나 시대마다 다를 수 있다. '쿨하다'는 말이 좋은 뜻으로 쓰일 수 있음은 그 말이 지금 우리 시대의 정신과 상응하는 것이기 때문일 터인데, 성향이나 행동이 기본적으로 시원시원하다는 것, 구차하지 않고, 청량하고, 매인데 없이 산뜻하고, 뒤끝 없고, 이지적이고 등등으로 번역될 수 있다. 물론 이것은 좋은 측면에서만 바라본 말이다. 당연한 말이지만 쿨한 것과 반대되는 좋은 성향도 있을 수 있다. 집요하고 진국스럽고 도탑고 온후하고 원칙에 관한 한 비타협적이고 열정적이고 등등이 그런 것이다. 이런 거울에 비춰보면 타락한 쿨함도 가능하다.

끈기 없음 경박함 무책임함 등이다. 하지만 좋고 나쁘고를 떠나서 쿨함과 그렇지 않음은 대개, 도시적임과 그렇지 않음으로 구분될 수 있어 보인다. 개인적인 취향이나 호불호와 무관하게 현재 우리가 비도시적인 것보다는 도시적인 것이 좀더 세련되고 고급스러운 것으로 간주되는 시대에 살고 있음은 부정하기 어렵다. 냉소주의는 그런 시대의 정서적 축에 해당된다.

냉소주의는 시니시즘cynicism의 번역어이다. 이 영어 단어는 그리스의 키니코스 학파Cynic로부터 유래했다. 키니코스Kynicos라는 그리스 말은 '개 같다'는 뜻이어서 일찍이 키니코스 학파는 견유犬儒학파라는 말로 번역되기도 했다. '개 같은 학자님들'이라는 뜻이다. 무엇을 어쨌기에 '개 같다'는 소리를 들었는가. 철학사가들에 따르면, 견유학파라 불리는 사람들의 시조는 안티스테네스로서 그와 그의 무리들은 진리에 대해 비타협적이었던 소크라테스의 가르침을 이어받고자 했다. 이들은 어떤 외물에도 얽매이지 않고 스스로의 독립성과 자족성을 유지하는 것을 최고의 덕성으로 삼았으며, 금욕적이고 견인주의적 실천을 통해 이런 목표에 도달하고자 했다.

견유학파를 정작 유명하게 만든 사람은, 몇몇의 유명한 일화로 잘 알려져 있는 철학자 디오게네스이다. 신은 아무것도 필요로 하지 않으며 사람이 신의 상태에 가까이 가기 위해서는 최소한의 필요물로 살아야 한다는 신조를 지니고 있었고, 나무통 속에서 단벌옷으로 살며 무소유를 실천하고자 했던 철학자이다. 알렉산더 대왕이 디오게네스를 찾아와 소원을 말하라고 했을 때 '비켜서시라

왕이여, 나는 왕이 가리고 있는 햇살이 필요하다'고 했던 일화가 전설처럼 전해진다. 여기에서 대단한 것은 왕의 호의를 물리친 행동 자체라기보다 천하의 알렉산더로 하여금 거기까지 찾아오게 한 그의 공력일 것이다. 또 그가 대낮에 등불을 켜고 아테네 시내를 돌아다녔다는 일화도 잘 알려져 있다. 무얼 하고 있었는가. 사람을 찾고 있다는 것이 그 대답이었다. 왕을 무시했던 첫번째 일화는 권력에 대한 반응이기에 누구에게든 유쾌하게 다가올 것이다. 여기에는 알렉산더 자신도 포함된다. 하지만 두번째 일화는 조금 다르다. 아테네에 사람다운 사람이 없다는 말은 그를 제외한 거의 모든 사람에게 해당되며, 이 점에 관한 한 현재의 우리 자신도 예외일 수 없다. 그것은 생각 있는 사람에게라면 매우 공격적으로 다가오는 것일 수밖에 없다.

디오게네스의 가르침은 이처럼 문명적인 것 전체에 대한 거부감에 입각해 있다. 신의 상태에 도달하기 위해 필요한 무소유는 단지 물건에만 해당되는 것이 아니라 우리가 문화적인 것이라고 부르는 제도와 관습, 덕성 등에도 해당된다. 디오게네스는 배설뿐 아니라 자위행위까지도 중인환시리의 광장에서 공개적으로 행했다. 이런 행동에 포함되어 있는 공격성의 강렬함은 그가 살았던 시대가 지니고 있었던 문화적 허위의식의 강도를 반영하고 있다. 난숙한 시기의 문화가 지닐 수밖에 없는 실정적 위선과 제도화된 가식을 그는 조롱했던 것이며, 견유학파의 가르침 속에 살아 있는 그런 조롱과 야유의 힘을 우리는 냉소주의라 부르고 있는 것이다.

그런데 왜 냉소주의를 문제삼는가. 진정성이 없는 것에 대한 비판정신이라면 환영할 일이 아닌가. 문제는 우리가 살고 있는 시대의 냉소의 공격성이 두 가지 상반된 방향으로 작용하고 있다는 점이다. 하나는 자본주의 자체가 지니고 있는 공격성으로서의 냉소가 있고, 다른 하나는 그것에 맞서는 힘으로서의 냉소가 있다. 여기에서 문제가 되는 것은 당연히 우리 시대의 정신적 핵자로서의 첫번째 냉소주의, 괴물 같은 마음이다.

자본주의 자체의 냉소주의는 돈 되는 것은 무엇이든 하겠다는 자본가의 마음과, 돈과 무관하게 품위에 목숨거는 귀족주의를 대립시키면 선명하게 드러난다. 전통사회의 귀족들이 내세우는 가치에 대해 근대의 자본가들은 화폐의 양을 맞세워놓는다. 그것 자체가 야유이자 조롱이다. 이를테면, 명예? 그거 얼마짜리인가, 내가 버리고자 하는 이 양심은 돈으로 환산하면 얼마인가 같은 질문들. 『안티오이디푸스』에서 들뢰즈와 가타리가 자본주의를 냉소주의의 시대로 규정했을 때 그들이 지목하고자 했던 것도, 이처럼 모든 질적 차별을 추상적인 화폐량으로 환산해버리는 자본주의적 파토스의 위력이었다. 따지고 보면 아무것도 아니면서 어떤 것도 될 수 있는 마술 같은 존재로서의 화폐가 그것의 핵심적인 표상이다.

하지만 문제는 화폐가 지고의 것임에도 불구하고 그 자체만으로는 공공연한 명분이나 목적이 될 수 없으며, 또 축적된 화폐 속에는 감추어져야 할 태생의 한계들이 있다는 점이다. 그래서 축적된 화폐의 양으로 표상되는 자본주의는 필연적으로 위선과 부끄러움을 동반한다. 야생의 세계에는 잔인성이 있고 전제군주의 세계에는 공포가 있지만, 그 세계에 부끄러움은 없다. 잔인이나 포악은 있을지언정 위선과 가식은 없기 때문이다. 하지만 축적된 화폐, 내력을 확인할 수 없는 무표정한 돈, 그것을 바탕으로 이루어지는 자본주의의 세계 속에는 부끄럽지 않은 것이 없다. 자본주의 자체의 냉소주의는 그런 부끄러움을 부정해버리는 뻔뻔스러움의 형식이다. 나만이 아니라 세상 모두가 썩었다는 식, 도둑 아닌 사람 있으면 나와보라는 식이다.

이에 맞서는 두번째 웃음은 자본가의 냉소에 맞서는 웃음이다. 자본가의 냉소가 말 그대로 차디찬 경멸의 웃음이라면, 이 두번째 웃음은 냉소를 뒤덮어버리는 커다란 너털웃음, 니체의 차라투스트라가 지니고 있는 홍소에 가깝다. 『냉소적 이성 비판』의 저자 슬로터다이크는 이 두번째 웃음을 이제는 일반명사가 된 냉소주의cynicism와 구분하여 키니시즘Kynicism이라 불렀다(이 책의 한국어 번역자는 이 용어를 견유주의로 옮겼다). 디오게네스의 가르침이 지니고 있던 폭로의 전략과 전복적 힘을 존중하고자 했던 까닭이다.

자본주의 자체의 냉소는 이제는 무시무시한 괴물이 되어 있다. 그것을 제어할 수 있는 힘의 가능성을 찾는 것은 우리 모두에게 중요한 일이다. 기업가나 행정가에게 중요한 것은 분명한 목표의식을 지니고 거기에 도달할 수 있는 가장 합리적이고 효과적인 수단을 찾는 것이다. 그런 목적합리적 행동들은 그 자체가 냉소주의의 표현이다. 냉소주의에 포함되어 있는 견유주의의 역사적 맥락을 강조했던 슬로터다이크의 작업은, 목적 자체에 대해 반성하지 않는 미친 합리성, 몸과 마음의 지나친 다이어트로 인해 삶의 이유도 진정한 건강성도 망각하고 상실해버린 우리 시대의 쿨한 삶에서 하나의 거울이 된다.

사용가치와 교환가치

사용가치와 교환가치는 물건들이 지니고 있는 가치의 두 측면이다. 사용가치는 한 물건이 지니고 있는 쓰임새나 유용성을 뜻하는 것으로, 이것은 쓰는 사람에 따라 다르게 나타난다. 똑같은 햄버거가 어떤 사람에게는 먹어서는 안 될 정크푸드이지만, 어떤 사람에게 배고픔을 해결할 유용한 수단일 수도 있고, 또 어떤 사람에게는 천상의 음식일 수도 있다. 이에 비해 교환가치는 그 물건이 지니고 있는 가치의 양적 측면으로, 누구에게나 동일하게 적용된다. 천원짜리 햄버거는 아이에게도 어른에게도, 남자에게도 여자에게도 천원짜리여야 한다. 좀 단순화시켜 이해하자면, 사용가치는 한 물건이 사람들에게 조금씩 다른 방식으로 다가가는 의미와 유사하고, 교환가치는 그 물건의 가격과도 비슷한 것이다. 내게 길든 베개처럼 사용가치는 크지만 교환가치는 거의 없는 물건도 있고, 반대로 비싼 값을 주고 샀는데 환불도 안 되고 쓸모도 없는 엉터리 음식물 쓰레기 처리기 같은 물건도 있다.

사용가치와 교환가치의 구분이 문제가 되는 것은, 우리가 살고 있는 세계가 자본주의 경제 체제를 핵심으로 삼고 있기 때문이다.

우리가 보통 가치 있는 것이라고 말할 때 그것은 물질적인 것보다는 정신적인 것을 뜻하기가 쉽다. 가치 있는 사람, 가치 있는 행동, 가치 있는 생각 등등에서처럼. 그리고 물질적인 것이라 하더라도 거기에 포함되어 있는 어떤 특별한 정신적 자질을 뜻하기가 쉽다. 30년 동안 쓴 일기, 가족 사진첩, 어머니의 유품 같은 것들이 그렇다. 사랑하는 사람이 죽으며 내게 남긴 손수건 한 장은, 뒤에 남은 내게는 사랑 그 자체의 상징일 수 있고, 또 내가 그 사랑을 위해 남은 생을 살겠다고 작정한다면 손수건은 내 삶이나 우주 전체와 맞먹는 질량을 지닐 수도 있다. 하지만 상품의 세계에서는 그런 가치는 발언권이 없다. 그것은 상품화되기 힘든 낡은 손수건일 뿐 그 이상도 이하도 아니다. 상품이란 그것을 생산한 사람을 위해서가 아니라 그것을 구매할 사람을 위해 만들어진 것, 즉 자기 자신을 위한 것이 아니라 타인을 위한 사용가치를 지니고 있어야 하는 것이기 때문이다. 여기에서 타인을 위한 사용가치라는 말은 '사회적 사용가치'라는 말로 바꿀 수 있다. 상품의 생산에서 가장 중요한 것은 바로 그 사회적 관계이다. 그것이 빠져버린다면 사용가치의 생산은 있을 수 있어도, 즉 뭔가 쓸모 있는 물건을 만들 수 있어도, 교환가치의 생산은 있을 수 없다. 살 사람이 없으니 팔 수가 없는 것이다. 상품 생산의 기초가 되는 사회란 곧 사고파는 일이 벌어지는 공간을 뜻한다.

상품이란 다른 사람에게 팔기 위해 생산된 물건이다. 이 점이 매우 중요하다. 자기가 쓰고 남아서 파는 것이 아니라, 오로지 팔기 위해 만들어진 물건이 상품인 것이다. 상품에 구현되는 두 가지 가치는 그 속에 들어가 있는 두 가지 형태의 노동과 연관되어 있다. 마르크스는 이 둘을 '구체적 유용 노동'과 '추상적 인간 노동'으로 구분했다. '구체적 유용 노동'은 사용가치를 생산하고 '추상적 인간 노동'은 교환가치를 생산한다. 재봉질을 하여 저고리를 만드는 것, 면직기를 돌려 옷감을 만드는 것, 나무를 다듬고 못질을 하여 의자를 만드는 것 등등은 모두 '구체적 유용 노동'이다. 이들의 노동은 무언가 쓸모 있는 것들을 만든다는 점에서 유용하고, 또 특정한 쓸모를 만든다는 점에서 구체적이다. 그런데 교환가치를 만드는 '추상적 인간 노동'이란 무엇인가. 이것은 말 그대로 추상적인 개념이다. 교환가치에서 중요한 것은 거기에 포함되어 있는 노동의 양이다. 재봉사인가 면직공인가 목수인가의 구분은 문제되지 않는다. 숙련공인가 비숙련공인가도 중요하지 않다. 이 다양한 사람들이 자기의 노동을 위해 얼마나 시간을 썼는지만이, 즉 노동의 양만이 문제가 된다. 모든 개인적 특성이나 직업적 속성이 무시되고 오로지 자기 몸과 두뇌를 움직여 뭔가 일을 하는 추상적 존재로서의 인간만이 문제가 된다.

이런 노동, 즉 추상적 인간 노동이라는 개념을 포착해내기 위해서는 우리가 사는 세계를 그 바깥에서 바라볼 수 있어야 한다. 몸을 땅으로부터 떠올려 사람들이 사는 세계 전체를 신의 눈으로 내려다보듯 그려보자. 그 안에서 사람들은 저마다의 특성에 따라 이런저런 것을 배우고 일하며 살아가고 있다. 어떤 사람은 바느질을 하고 어

256

떤 사람은 곡식을 재배하고 어떤 사람은 집을 짓는다. 누가 시켜서 한 일일 수도 있고 자기가 좋아서 선택한 일일 수도 있다. 어쨌든 그 결과로 사람들은 자기 자신과 서로를 위해 뭔가 일을 하고 그럼으로써 결과적으로 세계가 그럭저럭 꾸려진다. 이런 것을 일컬어 '사회적 분업'이라고 한다. 누가 시켜서 하는 것은 아니지만 결과적으로 그렇게 된다. 이처럼 '사회적 분업'에 참여하게 되는 노동이 '사회적 노동'이고, 그것이 곧 '추상적 인간 노동'이다. 그것이 교환가치와 상품을 만든다.

그런데 문제는 한 사람의 노동이 '사회적 노동'이라는 것, 자기 자신만이 아니라 동시에 타인을 위한 것임을 누가 어떻게 보장해주느냐 하는 것이다. 그것을 보장해줄 수 있는 사람은 물론 나를 제외한 사회의 모든 구성원들이다. 그들은 나의 노동이 포함된 상품을 구매함으로써 내 노동의 사회적 가치를 증거한다. 그것이 팔리는 순간 나의 노동은 개인적 노동에서 '사회적 노동'이 되고, 즉 '구체적 유용 노동'에서 '추상적 인간 노동'이 되고, 내가 생산한 가치는 교환가치의 영역에 등재된다. 거꾸로 내가 아무리 심혈을 기울였어도 그것이 팔리지 않았다면 거기 포함되어 있는 내 노동은 사회적이지 않은 것, 곧 교환가치가 없는 것, 곧 무가치한 것이 된다.

하지만 오해하지는 말자. 이런 가치의 논리는 어디까지나 팔기 위해 생산된 상품의 영역에서만 유효하다. 앞에서 언급했듯이 상품이 아닌 것을 놓고 사용가치나 교환가치를 논할 수는 없다. 팔 수 없는 것이라 생각했던 것들마저 상품화되고 있는 것이 현실이기는 하다. 그러니 거꾸로 갈 수도 있다. 교환가치의 대상을 사용가치로 만들어버리는 것, 상품이라는 형식 자체를 부정해버리는 것, 이것은 사회 구성원 전체를 무시해버리는 것이기도 하다. 오백원짜리 동전으로는 물수제비를 뜨고, 만원짜리 지폐로는 불쏘시개를 하고, 십만원짜리 수표는 일회용 메모지나 좀 불편하지만 화장지로 쓸 수 있겠다. 상상해보자. 화폐라는 순수한 교환가치의 화신을 사용가치의 대상으로 만드는 순간 튀겨나올 반사회성의 불꽃들. 그것은 자본제의 냉소주의를 태울 수 있는 키니시즘의 불꽃이다.

CHAPTER 20

극작가 플라톤의
희미한 유머

극작가 플라톤

플라톤을 극작가라고 말하는 것은 많이 이상해 보인다. 더욱이 유머러스한 플라톤은 상상하기 어렵다. 플라톤이라는 철학자의 이미지 자체가 유머러스한 예술가와는 가장 반대편에 있기 때문이다. 그가 서양철학의 역사 속에서 가장 빛나는 선조의 자리 하나를 차지하고 있는 인물임에는 두말할 나위가 없다. 유럽의 철학적 전통 자체가 플라톤 철학에 대한 각주로 이루어져 있다고 했던 철학자 화이트헤드의 말은 이런 플라톤의 위상을 지칭하기 위해 자주 인용되곤 한다. 좋은 의미에서건 나쁜 의미에서건, 이상주의적 사고에 관한 한 플라톤 철학이 막대한 영향력을 행사했던 것이 사실이고 보면 화이트헤드의 이런 말도 큰 과장은 아니다.

정신적 사랑을 흔히 플라토닉 러브라고 하는 데서 잘 드러나듯이, 플라톤은 현세의 금욕과 절제를 강조했던 엄격하고 이상주의적인 사상가였다. 그의 사유에서 무엇보다 뚜렷한 것은 본질과 현상의 이분법이다. 한시적이고 유한하며 상대적인 현상들의 세계, 즉 우리가 보고 듣고 느끼는 세계가 있고 그 너머에는 영원불변의 절대적 가치가 보존되어 있는 진짜 세계가 있다. 플라톤은 그 세계를 이데아의 세계라고 불렀다. 예컨대, 우리가 사는 세계에는 수많은 의자가 있지만, 이데아의 세계에는 의자의 본질에 해당하는 단 하나의 절대적인 것, 곧 의자의 이데아가 보존되어 있다. 바로 그 의자의 이데아만이 절대적이고 영원한 것으로서 참된 실체이고 우리가 사는 세계에 실제로 존재하는 수많은 의자들은 모두 이것에 대한 복사물이자 껍데기, 그림자에 불과한 것이다. 선의 이데아, 정의의 이데아, 꽃의 이데아, 산의 이데아 등등도 이와 동일한 방식으로 상정된다. 플라톤에게는 그러한 이데아의 세계야말로 진짜 세계이고, 우리가 살아가고 있는 이 감각의 세계는 언젠가는 없어질 한시적이고 상대적인 가짜의 세계에 불과한 것이다.

그런데 과연 그런 세계가 있을까. 있다면 그런 세계의 존재를 우리가 어떻게 알 수 있을까. 플라톤의 생각에 따르면 사람도 세계처럼 두 부분으로 나뉜다. 사멸할 것으로서의 육신과 불사적인 것으로서의 영혼이 있다. 우리가 가진 육신의 눈이나 감각으로는 이데아의 세계를 볼 수 없으며, 오로지 불멸의 실체인 맑은 영혼만이 그것을 감지할 수 있다. 그래서 플라톤은 흔히 '동굴의 비유'라 불리는 비유를 들어 이데아의 세계를 설명했다. 사람은 흡사 동굴에서 빛을 등지고 앉아 있는 존재와도 같다. 진짜 세계는 사람이 등지고 있는 저 뒤에 있는데, 사람은 동굴에 비친 그림자를 보며 그것이 진짜 세계라 착각하고 있다는 것이다. 사람이 지닌 육신이 그런 착각을 만들어낸다는 것이다. 뒤를 돌아본다면 어떻게 될까. 이데아의 세계를 정면으로 보고자 한다면 그 세계가 요구하는 존재, 즉 육신 없는 영혼이 되어야 할 것이다.

플라톤의 이원론적 세계관은 이와 같은 방식으로 구성된다. 육체/정신, 유한/무한, 상대/절대 등이 그 양쪽 항을 이룬다. 한쪽은 진짜들의 세계이고 반대쪽은 가짜들의 세계이다. 흔히 '시인추방론'이라 지칭되는 플라톤의 관념도 이런 사고의 연장에 있다. 그가 생각하는 이상적인 나라에는 예술가를 위한 자리가 없다. 우리의 현실적 삶이라는 것은 진짜 세계인 이데아의 세계를 한 번 복사한 것, 그것의 그림자에 해당하는 것이다. 그런데 플라톤이 생각하는 '시인'(모든 예술가를 뜻한다)이란 이 세계를 바탕으로 그것의 복사품을 만들어내는 사람이다. 말하자면 예술가들이 만들어낸 세계란 진짜들의 세계인 이데아의 세계로부터 두 단계나 떨어져 있는 셈이며, 우리로 하여금 진짜 세계에 이르게 하는 데 보탬이 아니라 방해만 될 뿐인 것이다.

그런데 이런 플라톤을 두고 극작가였다고 말하는 것은 이상하지 않은가. 여기에서 극작가 플라톤이라는 말은 중의적인 의미를 지니고 있다. 이 말은 먼저, 플라톤이 소크라테스의 제자가 되기 전 전도유망한 비극작가였음을 뜻한다. 소크라테스는 아테네에서 유행하던 비극이 청년들의 성장에 유익하지 않다고 생각했고, 청년들이 비극 극장에 출입하는 것을 못마땅하게 생각했었다. 『비극의 탄생』의 니체에 따르면, 플라톤은 소크라테스의 제자가 되기 위해 그때까지 자기가 썼던 비극작품들을 모두 불태워버려야 했었다. 그러고 나서야 소크라테스의 제자가 될 수 있었다. 철학자 플라톤은 말하자면 전직 비극작가였던 셈이다. 개종자가 광신도가 된다고 했다. 『국가』에서 개진된 그의 '시인추방론'을 염두에 두면, 이것은 그럴 법하면서도 역설적으로 느껴지기도 하는 묘한 대목이다.

다음으로, 플라톤의 저작은 대부분이 대화체로 이루어져 드라마와 소설의 복합적인 형태를 지니고 있다. 그래서 플라톤의 책을 읽으면 흡사 연극 대본이나 소설처럼 느껴진다. 우리가 알고 있는 일반적인 철학책(비인칭 화법으로 중립적인 기술을 하고 있는 책, 예를 들자면 아리스토텔레스의 책)과는 매우 다른 구성을 지니고 있다는 것이다. 그의 책이 드라마의 대본과 다른 점이 있다면, 드라마는 허구라고 설정된 것임에 비해 플라톤은 그렇지 않다는 것이다. 그렇다면 플라톤의 저작은 허구가 아니라는 것인가. 좀더 파고들어가보면 이에 대한 판단도 그렇게 쉽지는 않다. 플라톤의 저작 대부분에는 소크라테스가 주인공으로 등장한다. 소크라테스와 그때 그 자리에 있었던 사람들 사이의 대화나 문답, 연설 등이 저작의 형식을 이루고 있다. 사전 지식 없이 읽는다면 플라톤의 책들은 영락없이 소설 아니면 희곡이다. 여기에서 일차적으로 드는 의문은, 이런 대화와 이야기의 디테일들이 어디까지 사실인가 하는 점이다.

물론 허구적인 것으로 전제하고 씌어진 것이 아니기 때문에 큰 골격은 사실일 것이다. 그럼에도 의문은 여전히 남는다. 기억에 의존한 글이라면 플라톤의 일인칭 회고 형식으로 씌어져야 마땅하다. 또 플라톤 자신이 현장에 없었던 글이라면, 그 현장에 있었던 사람이 플라톤에게 말했던 것을 채록하거나 회고하는 방식이어야 한다. 그러나 대부분의 플라톤 글 안에는 필자로서 플라톤의 자리가 마련되어 있지 않으며 그로 인해 사실과 윤색의 경계가 불분명해진다. 이를테면 소크라테스가 재판받던 상황을 다루고 있는 『소크라테스의 변명』은 내용의 대부분이 주인공 소크라테스 한 사람의 방백으로 이루어져 있다. 글의 내용을 보면 플라톤이 그 자리에 있었음을 알 수 있다. 그런데 플라톤의 책에서 재현되고 있는 소크라테스의 연설은 기억과 회고에 의존하여 씌어진 것치고는 너무나 풍성한 디테일과 수사학을 지니고 있어 마치 소크라테스의 변론을 녹음하여 풀어놓은 것 같은 느낌을 준다. 이런 사정은 그의 다른 글에서도 마찬가지다. 소크라테스와 그 주위 사람들의 대화가 현장에서 속기로 필사되어 채록된 것이 아니라면, 이런 방식의 글쓰기는 다분히 각색을 거쳤을 것으로 보아야 한다. 여기에서 기록자이자 연출자는 물론 플라톤이다.

그러니 이런 것을 전직 비극작가 플라톤의 드라마로 읽으면 어떨까. 그것은 허구가 아니므로 사실 재연 드라마에 가까울 것이나, 어떻든 그것이 드라마나 서사의 형식을 지니고 있다는 점에는 변함이 없으며 플라톤이 드라마 작가라는 점에 대해서도 역시 그러하다. 시인을 추방해야 한다고 했던 플라톤, 그러면서도 동시에 명백한 극적 플롯과 문학적 형식을 지닌 책들을 쓴 사람으로의 플라톤, 전혀 다른 두 개의 페르소나가 하나의 이름 속에 중첩되어 있다. 어쩌면 전직 비극 시인의 억압당한 재능이 다른 방식으로 발휘되고 있는 것일 수도 있겠다.

플라톤의 유머

플라톤의 유머는 은근하고 짓궂고 때로는 아프게 다가온다. 드라마나 소설의 형식을 지니고 있는 플라톤의 글 자체가 단순하지 않아서 다양한 울림의 아이러니를 빚어낸다. 그의 글이 지니고 있는 유머도 그런 아이러니를 통과한 것이기에 복합적인 느낌을 준다. 유머인 것 같기도 하고 아닌 것 같기도 하다. 그래서 그런 대목들은 어떻게 보면 플라톤의 의도라기보다는 상황 자체의 산물인 것처럼 느껴지기도 하고 또 아닌 것 같기도 하다. 이런 아이러니의 중심에는 플라톤이 너무나 좋아하는 주인공 소크라테스가 있다.

『향연』의 예를 들어보자. 『향연』은 젊은 비극 시인 아가톤이 경연 대회 우승 기념으로 베푼 잔치판의 풍경을 그리고 있는 작품이다. 초대받은 사람들이 주연에 참석하여 술을 마시다 사랑(혹은 그것의 의인체로서의 에로스)이라는 주제에 대해 돌아가면서 한마디씩 하기로 한다. 그 한 말씀들의 내용이 『향연』의 줄거리이다.

그런데 흥미로운 것은 그날의 이야기를 재현하는 방식이다. 『향연』의 화자는 아폴로도로스라는 사람이다. 그 잔치가 벌어진 시점으로부터 오랜 후에 그가 자기 친구에게 잔칫날의 일을 전해주는 방식으로 이야기는 전개된다. 그런데 아폴로도로스가 그 자리에 있었는가 하면 그것도 아니다. 그도 그날 있었던 일을 아리스토데모스라는 사람에게 들었을 뿐이다. 그러니까 아주 오래전에 남에게 들은 이야기를 다시 자기 친구에게 전하고 있는 형식인 것이다. 그런데도 그의 이야기는 풍성하고 정교한 디테일을 지니고 있다. 물론 아폴로도로스라는 화자를 내세워 그날 저녁에 있었던 일을 소설처럼 서술하고 있는 손의 진짜 주인이 누구인지는 자명하다. 그럼에도 플라톤은 서사의 이면에 꽁꽁 숨어 자신을 드러내지 않는다. 전형적인 소설가나 드라마 작가의 방식인 셈인데, 이 사실을 염두에 두면 그의 글에서 솟아나는 풍부한 아이러니를 확인케 된다.

이 잔치판에서 집주인 아가톤을 포함한 다섯 명의 인물이 사랑에 대해 연설을 한다. 그중에서도 특히 주목되는 사람은 소크라테스와 아리스토파네스이다. 소크라테스는 플라톤의 소설에 언제나 등장하는 주인공이므로 새삼스러울 것이 없지만, 그리스의 대표적인 희극작가 아리스토파네스의 등장은 이채롭다. 세번째로 연설하는 그의 다음과 같은 이야기는 잘 알려져 있는 것이다. 인간은 본디 두 개체 한 쌍이 한몸으로 되어 있었다(이 '한쌍한몸'은 세 종류가 있었다. 태양에서 생겨난 남남, 달에서 생겨난 여남, 그리고 대지에서 태어난 여여). 머리가 둘, 팔과 다리가 각각 넷, 그래서 지적인 능력도 힘도 현재의 인간과는 비교가 안 될 정도로 뛰어났다. 이 때문에 신들이 위협감을 느꼈고 마침내는 사람들을 삶은 계란 쪼개

듯 두 동강을 내버렸다. 그것이 지금의 인간이고, 둘로 자른 자리를 말끔하게 마무리하기 위해 배꼽이 만들어졌다는 것이다. 사랑이란 요컨대 둘로 쪼개지면서 잃어버린 예전의 자기 짝을 향한 갈망이며 재결합과 완전성에 대한 욕망이자 추구라는 이야기이다.

『향연』에서 절정의 자리에 있는 것은 물론 마지막 연사로 등장하는 소크라테스의 에로스 예찬이다. 플라톤이 가장 힘주어 기술하고 있는 대목이지만 아리스토파네스의 이야기에 비하면 길고 지루하다. 그런데 그 속에 작은 칼날이 숨겨져 있다. 소크라테스 이야기의 요체인즉, 에로스가 원하는 아름다움은 감각에 포착되는 헛된 것들이 아니라 절대적이고 불변하는 실체로서의 아름다움이라는 것, 그리고 사람으로 하여금 그런 보물을 포착하게 인도해주는 가장 큰 힘이 에로스라는 것이다. 소크라테스는 이런 이야기를 디오티마라는 부인에게 들은 것이라면서 늘어놓는데 그의 이야기 중간에, 앞에서 말한 아리스토파네스의 이야기를 대놓고 비판하는 대목이 자리잡고 있다. 자기 반쪽을 찾는 것이 사랑이라고 말하는 사람도 있는데 말이 안 된다는 것, 인간이란 자기에게 유해하다면 자기 손발도 잘라버릴 수 있는 존재인데 어떻게 자기 반쪽이라는 이유만으로 그것을 찾아 헤매는 일이 가능하겠냐는 내용이, 디오티마의 이야기라며 소크라테스의 연설 속에 삽입되어 있는 것이다. 논리적으로 따지자면 소크라테스의 이야기가 당연히 맞는 이야기지만 웃자고 한 이야기에 정색하고 덤벼드는 꼴이기도 하다. 게다가 아리스토파네스도 같이 먹고 마시는 자리인데 면전에서 이렇게 대놓고 비판을 하고 있는 모양새는 좀 이상해 보인다. 중인환시리에 이런 비판에 직면한 아리스토파네스는 어떻게 반응해야 할까. 가만히 있으면 비판에 대한 도리가 아닐 것이다. 반론을 하거나 아니면 웃으면서 받아들이거나, 어떻든 뭔가가 있어야 할 것이다. 잔치판이 벌어졌을 때 소크라테스는 오십대 중반이었고, 아리스토파네스는 그보다 스무 살쯤 아래였다.

그런데 플라톤은 독특한 방식으로 이후의 일을 처리한다. 소크라테스의 연설이 끝났을 때 좌중의 환호와 박수갈채가 일었다. 당연히 아리스토파네스는 예외였다. 반박할 차례가 된 그가 무슨 말인가 하려 했지만, 담장 밖에서부터 시작된 주정뱅이들의 소동과 뒤이어지는 야단법석으로 인해(그들은 모두 소크라테스를 추앙하는 사람들이었다) 그의 발언권은 슬그머니 묻혀버린다. 그리고 그것으로 끝이다. 그들은 그냥 소크라테스를 둘러싸고 술을 마셨고, 술을 좋아하지 않으면서도 사양하지는 않고 또 아무리 마셔도 취하는 법이 없었다는 최고의 술꾼 소크라테스가 취한 사람들의 뒷정리를 하는 것으로 이야기는 마무리된다.

그러니까 플라톤은 매우 새침한 방식으로 아리스토파네스의 반론권을 빼앗아버린 셈이다. 물론 이유가 없을 수 없다. 『향연』에는 드러나 있지 않지만, 아리스토파네스는 소크라테스를 사기꾼 소피스트로 묘사한 풍자희극 『구름』을 쓴 적이 있었다. 그러니까 플라톤에게 아리스토파네스는, 자기가 존경하는 스승을 사기꾼 소피스트로 우스꽝스럽게 그려낸 악당인 데다 위대한 존재의 사상을 이해하지 못한 한심한 인물이기도 한 셈이다. 말하자면 『향연』을 쓰고 있는 플라톤은 지금 아리스토파네스에게 복수를 하고 있는 셈인가. 만약 플라톤이 아리스토파네스처럼 마음껏 허구를 동원할 수 있었던 진짜 현직 극작가였다면 스승에 대한 복수가 이 정도로 끝나지는 않았을 것이다. 『향연』의 잔치판에서 아리스토파네스의 본래 연설 순서는 두번째였다. 그런데 뭘 잘못 먹은 탓인지 갑작스러운 딸꾹질 때문에 자기 말을 다음으로 미뤄야 했다고 플라톤은 썼다. 반론권 묵살과 딸꾹질시키기 정도가 플라톤의 소심한 복수였던 셈이니 새침하고 귀여운 감각이 아닐 수 없다.

플라톤의 이런 식의 유머 감각은 그의 책에서 이따금씩 모습을 보인다. 앞에서 언급했듯이, 그것은 글을 쓴 사람이 플라톤임을 감안할 때, 플라톤이 쓴 글의 디에게시스적 측면(이 책의 10장을 참조하라)을 고려할 때에야 비로소 포착될 수 있는 형태의 유머이다. 그의 첫 저작 『소크라테스의 변명』의 예를 들어보자. 소크라테스는 청년들의 정신을 타락시키고 나라가 인정하는 신들을 믿지 않는다는 죄명으로 기소되어 법정에 섰다. 그런 혐의라면 국가 반역죄나 대역죄 같은 것에 해당되는 중죄일 것이다. 어차피 그런 죄들은 실체 없는 것이기 쉬워서 그 자체가 우스꽝스러운 것이기도 하다. 어쨌든 그는 이 죄명으로 사형 판결을 받았다.

당시 아테네 법정은 500명의 판관들이 투표를 통해 유죄 여부와 형량을 결정했다. 소크라테스는 판관들 앞에서 자신의 무죄를 주장하는 자기 변론을 했고 투표 결과 280대 220, 60표 차이로 유죄 판결을 받았다. 그리고 당시 제도에 따르면 또 한차례 형량을 정하는 두번째 투표가 행해진다. 소크라테스를 기소한 측은 그에게 사형을 구형했고 이에 맞서 소크라테스는 소액의 벌금형을 제시했다. 이 둘 중 하나를 선택하는 2차 투표가 뒤이어진다. 투표에 앞서 또다시 소크라테스는 자기 변론을 했고, 500명의 판관이 두번째 투표를 했다. 결과는 360대 140이라는 압도적인 표차로 사형 판결이 났다. 이것은 1차 때보다 160표가 더 벌어진 결과이다. 소크라테스는 말을 하면 할수록 불리해지고 있는 것이다.

이 과정에서 자기 책에는 좀처럼 등장하는 법이 없는 플라톤이 엑스트라처럼 등장한다. 재판 과정에서 소크라테스가, 자기는 가난해서 돈이 없다며 벌금형으로 '은 1므나'를 제시했고 잠시 후, 자기를 돕겠다는 사람들이 생겼다며 벌금을 재차 '은 30므나'로 올리는 장면이 있다. 이때 벌금의 보증인으로 등장하는 두 사람 중 한 명의 이름이 플라톤이다. 법정에서 행해진 소크라테스의 이런 언행은 그를 정직한 사람으로 만들 수는 있었겠으나 판관들의 표를 얻게 하지는 못했다. 벌금의 액수 문제로 저런 식의 논란을 하는 것 자체가 판관들의 마음을 심하게 긁어대는 일이기에, 소크라테스가 일부러 사형 판결을 유도한 것은 아닌가 싶을 정도이다. 게다가 그는 사형 판결이 난 다음에는 자기에게 그런 판결을 내린 판관들을 향해 저주의 거친 말을 퍼붓기도 했다. 그런데 이런 소크라테스의 모습, 오만하고 공개적으로 잘난 척하여 말을 할수록 표를 잃는 사람, 게다가 판관들의 염장을 질러대는 언행을 하는 모습을 묘사하고 있는 사람이 바로 플라톤이 아닌가. 그 자신이 끔찍하게 존경했던 스승 소크라테스의 모습을 이렇게 묘파해내는 플라톤의 모습은, 실제로 소크라테스가 어떠했는가를 떠나서 그 자체가 아이러니로 가득찬 유머 감각으로 다가온다.

플라톤의 지독한 유머 감각을 보여주는 것으로는 소크라테스가 죽던 날의 풍경을 다룬 텍스트 『파이돈』이 있다. 소크라테스의 사형이 집행될 때까지는 한 달 정도의 유예기간이 있었다. 이 사이에 소크라테스는 죽음을 면할 수 있었음에도 그렇게 하지 않았다. 이때 소크라테스의 나이는 일흔이었고 플라톤은 스물여덟이었다. 그들의 나이만큼이나 삶과 죽음에 대한 느낌도 달랐을 것이다. 마침내 사형 집행날이 되어 소크라테스의 친구와 제자들이 모여들었다. 소크라테스는 여전히 쾌활하고 유쾌한 모습이었지만, 다른 사람들도 그럴 수는 없었다. 그럼에도 죽음 따위는 안중에도 없어하는 소크라테스적 명랑성이 다른 사람들의 슬픔을 감싸안아버려, 눈물과 웃음이 뒤섞이는 기묘한 풍경이 연출된다. 그 속에서 그들은 영혼의 불멸에 대해 평소처럼 대화를 나눈다. 그리고 마침내 시간이 되어 소크라테스가 독배를 마신다. 독이 서서히 몸에 퍼져 죽어가는 마지막 순간에 그는 최후의 농담을 한다. 의약의 신 아스클레피오스에게 닭 한 마리 빚졌으니 갚아달라는 말을 친구 크리톤에게 남긴다. 이제 육신을 벗어버리니 병이 없을 것이고, 그것에 대한 감사의 제물로 의약의 신에게 닭을 바쳐달라는 뜻이었다. 이것이 소크라테스풍의 유머라면 플라톤의 유머 감각은 이 글의 초두에서 발휘된다. 『파이돈』은 최후의 날 풍경을 파이돈이 피타고라스 학파의 철학자 에케크라테스에게 전해주는 형식으로 구성되어 있다. 파이돈은 텍스트의 초두에서 그날 모였던 사람들의 이름을 하나씩 꼽으면서 마지막으로 플라톤의 이름을 거명한다. 플라톤은 그날 병 때문에 참석하지 못했었다고.

그것이 과연 사실일까. 다른 것도 아니고 자기 스승의 비극적 최후를 지키는 일이다. 다른 사람도 아니고 소크라테스의 최고 제자 플라톤의 경우이다. 죽을병이 아닌 다음에야 그 자리는 지켜야 했던 것이 아닌가. 공자의 제자 자공은 자연사한 스승의 임종을 지키지 못했다고 해서 스승의 묘에서 6년 동안 시묘살이를 했고 그 흔적이 지금도 공자의 묘 앞에 남겨져 있다. 스승에게 별로 인정을 받지 못했던 제자였음에도 그랬다. 두 사람의 죽음 모두 기원전 5세기 무렵이니 비슷한 시기의 일이었다. 그리스와 중국의 풍속이 다른 탓이라 할 수도 있겠으나, 스승의 임종을 지키는 일이라면 그 뜻에 있어서는 동양이건 서양이건 크게 다를 바 없을 것이다. 게다가 플라톤의 부재를 기록하고 있는 손의 주인이 누구인가. 이제는 나이도 먹을 만큼 먹은 플라톤 자신이 아닌가. 넣지 않아도 상관없는 문장이었을 텐데, 그 문장을 꼭 넣었어야 했을까. 왜 넣었을까. 병이 사실이었다면 대체 무슨 병이었기에 예정된 스승의 임종도 못 지켰다는 것인가. 나이든 플라톤이 한 자 한 자 채워넣었을 그 문장 하나로 인해 텍스트의 표면에는 심상찮은 아이러니의 공간이 생겨난다. 그것도 플라톤의 유머 감각이라 해도 좋지 않을까. 저 위

의 귀여운 유머에 짝이 되는, 씁쓸하고 기이해 보이기도 해서 뭐라
형언하기 어려운 묘한 유머.

서영채

서울대학교 비교문학 협동과정과 아시아언어문명학부 교수로 재직중이다. 2013년 여름까
지는 17년간 한신대학교 문예창작학과 교수로 재직했다. 한국문학과 동아시아문학, 인문
학 이론에 관한 글을 주로 쓴다. 『소설의 운명』 『사랑의 문법: 이광수, 염상섭, 이상』 『문학
의 윤리』 『아첨의 영웅주의: 최남선과 이광수』 『미메시스의 힘』 『죄의식과 부끄러움』 『풍
경이 온다』 같은 책을 냈다.

인문학 개념정원
ⓒ 서영채 2013

1판 1쇄   2013년 6월 28일
1판 9쇄   2023년 3월 6일

지은이 서영채
책임편집 김형균 | 편집 김민정 김필균 강윤정 유성원 | 독자모니터 김형철
디자인 고은이 유현아 | 저작권 박지영 형소진 이영은
마케팅 정민호 이숙재 김도윤 한민아 이민경 안남영 김수현 왕지경 황승현 김혜원
브랜딩 함유지 함근아 박민재 김희숙 고보미 정승민
제작 강신은 김동욱 임현식 | 제작처 영신사

펴낸곳 (주)문학동네 | 펴낸이 김소영
출판등록 1993년 10월 22일 제2003-000045호
주소 10881 경기도 파주시 회동길 210
전자우편 editor@munhak.com | 대표전화 031) 955-8888 | 팩스 031) 955-8855
문의전화 031) 955-3578(마케팅) 031) 955-2678(편집)
문학동네카페 http://cafe.naver.com/mhdn
인스타그램 @munhakdongne | 트위터 @munhakdongne
북클럽문학동네 http://bookclubmunhak.com

ISBN 978-89-546-2004-8 03100
잘못된 책은 구입하신 서점에서 교환해드립니다.
기타 교환 문의 031) 955-2661, 3580

www.munhak.com